我们生命中的『七七』

叶君★主编

北方文艺出版社

图书在版编目（CIP）数据

我们生命中的“七七”/叶君主编．-- 哈尔滨：北方文艺出版社，2015.6

ISBN 978-7-5317-3469-7

Ⅰ．①我… Ⅱ．①叶… Ⅲ．①七·七事变（1937）－史料 Ⅳ．① K265.406

中国版本图书馆 CIP 数据核字（2015）第 100302 号

我们生命中的“七七”

主 编 / 叶　君

责任编辑 / 王　爽　王　磊

装帧设计 / 回归线设计

出版发行 / 北方文艺出版社

网 址 / www.bfwy.com

邮 编 / 150080

经 销 / 新华书店

地 址 / 黑龙江现代文化艺术产业园 D 栋 526 室

印 刷 / 北京东君印刷有限公司

开 本 / 880 × 1230　1/32

字 数 / 150 千

印 张 / 8.5

版 次 / 2015 年 7 月第 1 版

印 次 / 2015 年 7 月第 1 次印刷

书 号 / ISBN 978-7-5317-3469-7

定 价 / 29.00 元

目录
CONTENTS

散文

诗歌

散文

SAN WEN

宁为战死鬼　不做亡国奴

金振中

我于一九三六年春，奉命接替宛平和卢沟桥防务。当时卢沟桥的形势已日趋紧张，日本侵略军已占领丰台，并不分昼夜地在卢沟桥一带进行所谓“演习”，用心险恶。卢沟桥既是南下的要冲，又是北京的咽喉，他们时刻想占领它。日军一旦占领卢沟桥，北京就是一座死城，华北也垂手可得。

我率领的第二十九军第一一〇旅第二一九团第三营是一个加强营，计有步兵四个连，轻重迫击炮各一连，重机枪一连，约一千四百多人。

我部到卢沟桥后，立即按战斗需要进行兵力部署。把较强的第十一连部署于铁桥东段及其以北回龙庙一带，把第十二连部署在城西南角至南河岔一带。第九连驻宛平县城内。第十连为营预备队，驻石桥以西大王庙内。重迫击炮连部署于铁桥西首，主要责任是歼灭日军的战车和密集队伍。轻迫击炮连部署于东门内，以便支援各邻队。重机枪连部署于城内东南、东北两城角，以便支援前方队伍。

兵力部署后，我时时警惕日军偷袭我宛平城。那时日军经常以卢沟桥为“假想敌”进行演习，始是虚弹演习，后为实弹演习，日军气焰十分嚣张。我便经常向士兵进行爱国教育，要求全营官兵在吃饭前、睡觉前都要高呼“宁为战死鬼，不做亡国奴”的口号，以激励官兵守土抗敌之志。

七月六日，旅长何基沣要求第二一九团注意监视日军行动，并命令全体官兵如日军挑衅，一定要坚决回击。我第三营官兵目睹日军的挑衅活动，极为愤慨，一致表示：誓死抵抗，愿与卢沟桥共存亡。

午饭后，为侦察敌情，我换了便服，扛着铁锹走向铁桥以东五百米左右的日军演习地，查看日军动态。刚过卢沟桥火车站，远远看到日军队伍，不顾雨淋和道路泥泞，以卢沟桥为目标，进行攻击式演习。后面炮兵如临大敌，紧张地构筑工事。再后面隆隆不绝的战车声越来越近。见到此情，我马上回到营部召开军事会议，传达我所目睹的一切，要求各连做好战斗准备，并规定日军进入我阵地百米内才准射击，不让敌人逃出我们的火网。

七月七日夜十一时许，忽然听到日军演习营地方向，响了一阵枪声。少顷，冀察绥靖公署许处长来电话说：“据日方说，他们的一名演习兵被宛平城内华军捉进城去，他们要进城搜查。”在这黑漆漆的雨夜，日军到卢沟桥警戒线内演习，明明是企图偷袭宛平城，只因我守备森严，无隙可乘，便捏造丢失日兵为借口，乘进城搜查之机，诈取我城池。我将此情回告许处长，陈述不要听信日方谎言。刚刚放下电话，激烈的枪炮声便响了起来。炮弹飞越宛平城墙，炸倒营指挥部房屋六间，炸死士兵两人，伤五人。防守阵地的各连长纷纷报告，日军蜂拥般地向我阵地扑来。我立即奔往城上指挥战斗，给敌人以猛烈回击。到深夜两点，许处长又来电话说，日方提出两点建议：一、双方停止射击，各自运回阵地上伤亡的士兵；二、天明双方派员调查丢失日兵一事。早六时由绥署二人，日方四人，乘汽车两辆进入宛平城内调查。这两项建议绥署已同意，让我通知所属。我接到此通知后，立即请专员王冷斋到东城楼上，商谈有关事宜，并商定来城的汽车须在岗哨前五百米处停车，经我哨兵检查后，方准放行。

八日晨六时许，果然由东驶来两辆汽车，在指定地点经检查后，向宛平城开来。我和王冷斋出城迎接，一起来到专署（即宛平县政府）。日方来代表四人：日本特务机关部辅佐官寺平，冀察政务委员会军事顾问樱井，秘书斋藤和一名随从。我方代表是冀察政务委员会外交委员会专员林耕宇，冀察绥署交通处副处长周永业，河北省行政督察专员兼宛平县县长王冷斋。双方坐定后，樱井提出三点无理要求：

一、宛平县城内中国驻军撤退到西门外十华里，以便日军进城搜查丢失之日兵，否则日方将以炮火把宛平城化为灰烬；

二、昨晚日方所遭受之损失，应由华方负责赔偿；

三、严惩祸首，最低限度处罚营长。

我方代表对以上三点无理要求十分气愤。我按捺不住心中怒火，当即指出：

一、丰台距卢沟桥八里之遥，又是雨夜，你们偏偏到我警戒线内演习，险恶用心，已暴露无遗；

二、你方丢失一兵，有何凭据？何人作证？如真丢失，也应由你方带兵的负责，与我方何关？

三、你方昨夜炮轰宛平城，民房被炸倒，军民被炸死、炸伤多人，惨不忍睹，应由你方赔偿我方损失。我军保卫国土，打击入侵之敌，何罪之有？你们才是祸首。

谈判进行到九点半左右，日方又开始炮轰宛平城，炮弹击塌县府屋角，室内烟尘弥漫，我方代表非常气愤，退出会场。场内只有我和几个随从兵以及日方四人，樱井等人乘我方代表不在之机，向我提出两点要求：

一、先把我们四人缒城出去，向我军说明，华军同意于本日薄暮撤至城西十华里以外；

二、我等四人愿同你到城东北角，插上白旗，表明华方接受我方要求，即可停止攻击，并保证你个人的安全。

我听后，怒不可遏，厉声加以训斥。

这时，日军转向铁桥东端发起进攻，战斗打得十分激烈，我恐铁桥东段发生危险，立即把守城的第九连抽出，我率领第九、第十两个连冒着密集的炮火向围攻铁桥东段的日军进击。经过两小时的战斗，把日军击退两华里，铁桥东段得以收复。午后二时，日军联队长牟田口派人送信，提出两点：

一、立刻将樱井等人送还，双方不得射击；

二、守城华军必须在当日下午五时以前撤出城西十华里，以便日军进城搜查，否则日方定以重兵踏平宛平城。

我当即在原信封上回答两条：

一、宛平城和卢沟桥的守军誓与城、桥共存亡，任何威胁也吓不倒；

二、樱井等人也愿与我城、桥共存亡，望你不要顾虑。

我知道日军又要发动进攻了。为击退日军再犯，我认真考虑了应战对策。我设想，如果日军再次进攻，必先以强大炮火摧毁我城、桥，再以战车掩护其步兵，抢夺我阵地。在夺取我阵地时，炮兵必向我阵地后方延伸射击。为避免无谓的牺牲，在敌炮兵一开始向我方射击时，各连除留少数监视敌人行动外，其余均隐蔽起来。迨敌炮兵发泄淫威后，敌战车掩护步兵来夺我阵地时，各连隐蔽的队伍迅速出击，与敌之战车、步兵作殊死战，消灭敌人于我阵地之前。轻重迫击炮连和重机枪连，不失时机地向威胁我方最大之敌猛烈攻击，彻底消灭之。营所控制的第九、第十两连，根据当时情况加入最激烈、最危险的战斗。

八日晚六时，日军炮兵果向我卢沟桥、宛平城周围猛烈射击，直至晚八时才停止，但未见其战车和步兵出动。

九日六时，驻丰台车站的日军大队长一木清直指挥其炮兵，向我城、桥周围进行疯狂射击。两小时后，出动十数辆战车，掩护其步兵向我城、桥扑来。我右翼第十二连战斗最为激烈，我命轻重迫击炮两个连，集中火力消灭敌人战车和密集队伍。我率第九、第十两个连的兵力，由第十二连右翼攻击日军左侧背，双方发生肉搏战。战斗至十一时，我命队伍全面出击，激战至十二时，才把进犯之日军击退。

十日上午八时，日军联队长牟田口亲临前线指挥，先以强大炮火，把城、桥周围炸得砖石乱飞，浓烟滚滚，紧接用加倍兵力集中强大炮火，以战车掩护步兵围攻城、桥。最激烈的是铁桥东端的战斗，铁桥东端已被日军重重包围。我用轻重迫击炮两个连集中火力攻击日军的战车和密集队伍。重机枪连攻击威胁我铁桥东端左翼的日军，我率第九、第十两个连猛攻右翼的侵略者，展开了激烈的肉搏战，但最后被日军占领了铁桥东端的阵地。这时已是午后一时，双方队伍均疲惫不堪，相距四百米，形成对峙状态。

师长冯治安了解到战况十分艰难，极表关注。他电话通知我，下午三时有人与我联系。三时许，保安第四团第二营曹营长带领四个连长来见我，并说奉师长命令参加战斗。曹营有七百余人，为夺回铁桥增加了力量。

十日晚八时，召开军事会议，定于十一日凌晨两点，全面出击夺回桥东失地。

这次战斗以我营为主。首先由新来的保安团第二营派一个连接替我营阵地（即由回龙庙、大铁桥到南河岔一线）。宛平县城防仍由保安队负责。第三营的第十一连，向占据铁桥东端的日军正面出击。第十二连右接第十一连左翼，向日军右侧背进攻。第九连左接第十一连右翼，向日军左侧背进攻。保安团曹营长率三个连，左接第三营右翼，向正面之敌猛攻。重迫击炮连集结于铁桥东，轻迫击炮连左接重迫击炮连右翼，根据战况适当射击。重机枪连以支援铁桥东端战斗为主。第十连为预备队，埋伏在铁桥东端四百米处。我在预备队。

规定战斗时注意以下四点：

一、出击时间：十一日凌晨二时；

二、出击队伍联络记号：以白毛巾围绕脖子；

三、本夜口令：“战胜”；

四、我桥东失地收复后，发射四发红色信号弹，见到信号弹后，各个出击队伍撤回原驻地。

十一日凌晨二时，各连均按预定计划出击敌人。刹那间喊杀声、枪炮声连成一片。我营队伍与占领铁桥的日军发生了一场激战。经过一个多小时的战斗，我即让曹营长向正面敌人猛攻，使敌人无法抽出兵力支援他方战斗。我又调遣曹营长的第六连和我原留的预备队（第十连），又抽调一个重机枪排，合并为两个步兵连、一个重机枪排，由我率领，向铁桥东端的日军左侧背猛攻。经过两小时拼搏死战，才击溃日军，收回失地。此时各连队伍均狂奔欢呼着纷纷追击溃逃之敌，但却忽略了清扫战场。在我指挥追击逃敌时，不意竟被隐匿之敌以手榴弹把我左腿下肢炸断，紧接又射来一发手枪子弹，由我左耳旁钻进、右耳下穿出。随从兵急忙抢救，把我抬出战场，护送到长辛店车站，及时送往保定医院救治，得以痊愈。住院期间，全国各界人士纷纷慰问，我感愧之余，只有努力杀敌，仰答举国同胞的盛情和期望。

卢沟桥畔

范长江

一　无从说起

中国对外一次一次的小冲突，逐渐证明了中国一天一天的抬头。人家一贯的方针，是要打击破坏中国统一和强壮的趋向。他们这种希望，和我们生存的本质根本相反。这一个基本的不相容，说明了中国之必然会和他们不断地冲突。

去年我们军队饮泣退出我平汉、北宁、平绥三路联络要点的丰台，今年在我北方和中部唯一交通要道平汉路咽喉的卢沟桥，又发生重大事件。这真是“理从哪儿说起”？

日军于七月七日夜间，攻击我卢沟桥。卢沟石桥乃以东西方向，跨永定河，石桥之北，有平汉铁路平行而立，石桥之东，紧接宛平县城。那时城内仅有二十九军一营，负看守两桥之责。日军七日夜间，进入铁桥东端，我军一面奉命守桥，一面奉命对于日军非待其开枪不得还击。这太难实行的双重命令，加到守护卢沟桥的我军，眼看着人家在城周活动，不能出击，现在已黑夜袭到铁桥上来，当然要打了。然而双重命令逼迫下的军队，仍然只得忍耐下去，不敢开枪。但当夜人家由永定河上游潜过河西的部队，与他们河东的部队东西夹击，我们北方今日唯一咽喉地的卢沟桥便为他们所把守了。

桥西五六里长辛店，驻的吉星文团，他看桥一失守，怒不可当，他负着守护北方与本部各省联络的唯一咽喉的责任，主观上上级给他的命令怎样，我们不知道，但是客观上这个桥太重要了，全国国民的热望乃至今后北方对大局所关的严重性，都不容这座桥之为人所占有。他本于国民义愤，本于军人卫国的天职，率领他部下悲愤痛哭的官兵，决定前进。八日夜间，阴森的永定河面，隐蔽了数百卫国英雄之潜行，一刹那间，雪亮的大刀从皮鞘中解脱，但听喊声与刀声交响于永定河上。九日清晨，河岸居民见桥上桥下，尸横如垒，而守桥的人已换上我忠勇的二十九军武装同志了！

接着是奉命撤兵！原来交涉好的双方于上午九时同时撤兵，由石友三所统率的冀北保安队三百人开入宛平接防。卢沟桥之本身，无法可守，最低限度要有宛平城才可以有守护的根据，九日令保安队三百人入城，即等于将关系重大之卢沟桥交于三百保安队之手。我们为了和平，已经忍受令我们无罪的军队含泪撤退。谁知九日清晨，我方反被轰击数十炮。同时由北平开往宛平的三百名保安队，又被阻击于五里店，颇有死伤，强求只准保安队五十名通过入宛平城，而只准带步枪，每人只许带子弹三十粒，要扣留保安队所带之机关枪。宛平方面终日不见保安队来，而我军已撤，城外之日军，人数虽略向后移，城东军事要地之“沙岗”仍在日军手中。阻挡一日，经北平再向天津日军当局交涉，始准二百名保安队入城，不准带机关枪。

日军旋又进至宛平城外，其后方援兵源源而来，丰台的中国人眼看着以中国的铁道、中国的头二等客车，中国的司机开着中国人民血汗买来的火车头，载着人家的军队，经过中国的领土，开到中国的卢沟桥附近去打我们中国人！

人家准备好了，当然再攻，再攻没有攻下，又讲撤兵，又说好十二日双方同时撤兵。谁知十二日人家又打我一顿。

这回他们派了些监视撤兵委员，拿着地图到我们宛平城里，公开地把他们炮兵射击目标定好。我们的县府、公安局、团部、营部、连部，炮兵阵地等，完全调查好了。于是他们的炮兵就一炮不乱地，打在我们那些要害地方。

十二日第二次受骗以后，中间不断冲突，情势紧张。日本国内宣称动员四十万军队，多少架飞机，关东军从我们的北宁路源源而来，这些行动，当然刺激中国的反应，全国人心随着紧张起来。记者从上海经郑州转徐州，再看看归德、开封，又看看石家庄和保定，印象都很不差，无处不是蓬勃的生气，无处不是代表国运的好转，军民万众一心，但等机会捐躯以卫祖国。

后来接到消息，双方又决定二十日撤兵。有人以为这回也许可靠了。谁知二十日午后一时许，日军对我宛平小小城池，开始八日事变以来空前的猛烈炮击，如雨的炮弹一颗颗精确地落在宛平的军民头上，空炸、碰炸，各式各样破坏和杀伤力量，把宛平城里的军民打得血肉横飞，民房家屋，塌的塌、倒的倒，四五小时的集中炮战，弹烟与尘埃把宛平弄成了一座烟雾之城。城里已准备撤退的军队和毫无抵抗的民众，被这几百颗炮弹打得糊涂了，到底怎样一回事呢？

这还不算，炮声停止了二小时，有人去问日方，据答又是“掩护退却”。这当然没有事了。然而九时后密集的炮弹又来了，仍集中到宛平城，东门楼打平了，东北城角打塌了。骑兵步兵坦克车都来冲过锋了。我们始终守城未出，你要退却还来冲什么锋呢？这是尤为难解的。九时以后的炮攻，竟向卢沟桥后方长辛店打了九炮，有七弹落在长辛店的平汉大机厂附近，那是我们北方重要的铁道工厂！

第四次的撤兵，是二十二号。三十七师冯治安部，已纷向卢沟桥南撤退。而二十三日清晨我们在大井村遇到日本军官，他说：“等中国军队撤了几天，我们再看看！”

二　太息唏嘘

许多人都喊着要到前线，然而真到前线，叫你感觉痛苦的事情才多。所以东北青年刘琪君到长辛店一看自杀了。可惜他自杀得太早，知道的事情还不多。固然，我们也不赞成他那样自杀的行为，因为本来救国是一种艰难事，我们牺牲要有实际的收获，然而前线现象能令一个爱国青年自杀，太不是寻常的事情了。

前线的二十九军官兵，那一种忠勇的情形，实在令人可歌可泣，他们从不对敌方的精利兵器表示恐惧，重重的子弹带缠着他们的上身，手枪、步枪、手榴弹、大刀、大衣、杂粮袋挂满了他们身体的架子，粗粗的腿，挺出的胸，有力的腕背，红涨的脸面，有杀气的目光，每一个官兵在国家神圣任务笼罩之下，都成了英勇豪迈的壮士。敌人大炮把他们牺牲一批，第二批仍然和第一批一样雄赳赳地把守在前线上。刚才哨兵被人打死了，第二个哨兵会快乐地接近他生命的死亡线。敌我前线相去不到半里，我们的官兵毫无畏惧地在火线上谈笑，有人劝他们小心，他们反而说没有什么关系，这说明了我们的官兵乐死的精神。二十九军官兵在卢沟桥前线的表现，值得我们中华民族万世的讴歌和景仰。

然而我们进一步看看卢沟桥抗战中的实况，我们太不自安了。

这样忠勇的官兵，我们对于他们的待遇怎样呢？他们以他们的血肉，保卫了北方交通咽喉，他们诚然本于他们的职责，然而他们在敌人精利的炮火之下，死的死，伤的伤了，我们从未见过卢沟桥战场上有过担架兵、看护队、医官、野战医院等任何国内战争时皆所必有的设备！死的死了，死了，我们任他们英勇而牺牲的躯体暴露在原野中！伤的伤了，伤了，我们没有救济工作，流血不能止，有毒不能消！如果战况稍平，全赖我们未死未伤的战士配合当地民众做些救护工作，此等人既非有专门救护知识，又非有救护器具。我们看到许多受伤官兵被人扶着从卢沟桥走五六里路，到长辛店，其已完全不能行动之重伤，则用乡间之杆绳等物，将其不合理地抬上，有些本来尚不十分厉害的伤兵，经如此抬到长辛店已经奄奄一息了，我们最觉得对不起为国伤亡将士的，是卢沟桥后方的长辛店，还没有半点战场医院设备，全赖平汉铁路长辛店医院的医师们自动慷慨出来做救护工作，否则他们更加痛苦了。

不但是死伤救护，我们没有做什么工作，就是作战上枪炮以外的器材，亦完全由地方供给，在卢沟桥正面的始终是吉星文一团，后方的交通运输、电信通信等，我们不曾作应有之布置。所以此次宛平县第六区，即长辛店所在一区，民众对战事之负担，异常艰巨。对方是有完备的铁道、汽车等交通组织，而我则全恃地方之毛驴、民夫、大车以供往还。

我以始终一团的疲惫之师，当彼全军之锐，官兵日渐耗损，城内物质破坏日多，敌方之炮火日烈，前方之补充完全恃未死勇士精神之再造，后方之接济，则恃有限民力之勉强支持。

此次冲突，日方兴师动众，范围甚广，其后方为丰台、为天津、为沈阳、为高丽、为其本国。而迄今日止，我们之后方为宛平县之第六区，且此区区之一区亦非有组织有计划者。军队无粮，问之地方；军队无盐，问之地方；军队修战壕要民夫，问之地方；军队要燃料，问之地方；军队运输，要民夫，问之地方；军队抬伤亡，要民夫，问之地方；军队修路，要民夫，要石匠，问之地方；军队送饭，要民夫，问之地方；军队要大车，问之地方；军队要人力车，问之地方。我们很抱歉对前线之供应，不能周到，敢劳诸将士之分心于事务，减低作战能力。

地方民众为国牺牲之精神，此次在长辛店一带充分表现。民夫多日夜工作，既无报酬，又不能得一好休息处。我们要追问者，为什么国家对外抗战要令宛平县第六区独当接应前方之责？

来　信

萧　红

坐在上海的租界里，我们是看不到那真实的斗争，所知道的也就是报纸上或朋友们的信件上所说的。若来发些个不自由的议论，或是写些个有限度的感想，倒不如把这身所直受的人的话语抄写在这里：

××：

这里的事件直至现在仍是很混沌，在“人家”大军从四面八方包围来了的声中，当局还不断地放出和平有望的空气。空几天交通都断绝了，人们逃也无处逃，跑也跑不了，于是大家都觉得人们很能“镇静”，自从平津恢复通车后，情形也不同了，搬家的车，络绎不断地向车站涌，我到站上去看过，行李堆积到屋梁了。

一般汉奸走狗们活动得非常有劲，和平解决的侧面折冲还在天津进行。双方所折冲的是什么，虽有种种传说，但都不能信实，不过前几天，当局发表的谈话和布告，说这次事件是局部的问题，拒绝慰劳，禁止募捐，不许有爱国的组织与行动等看来，也很看出我们当局的意向了。可惜的是，我们虽具“和平”诚意，却不能遏止“人家”占领的决心！等到大军配备好的时候，“哀的美顿”书会立刻提出来。

那时日也不会再延到多久。

昨天又听到这样的谣言，是汉奸们向廿九军宣传的：

一、不受共产党的挑拨。

二、不为东北人利用。

三、不做十九路军第二。

他们的理由是中日邦交本不坏，只因共党从中捣鬼而弄坏了；东北人年来高喊“打回老家去”，一旦打回去也只是东北人回到故乡，别人得不到好处；看到十九路军单独抗战的结果，只是单独牺牲。特别是第三项，好似很能打动当局的心。

不过他们所恐惧的，终将不能避免。我这些天生活很沉闷，天天日间睡午觉，夜间听炮声，在思量着，一旦战事爆发了，应当取怎样的行动……吟借给我的两部书，因为担心它们的命运，今天寄出给你们了，和土地比起来，书自然很微小，但我们能保卫的，总不要失去。好，再见！

故都在烽烟里

曹靖华

这是七月七日的早晨，沉重的隆隆的声音，连续不绝地把我从梦中惊醒了。我由床上坐起来，细细地辨出这是郊外传来的炮声。天还没有亮，坐一会儿又躺下去，隆隆的声音依然在继续着。但由于近年来在故都听惯了这种声音，就毫不觉得惊疑：这大概还是“友邦”在“演习”的。

早晨起来，珍抱着彭儿刚入到前院的书房里，S穿着白敞领衬衣，推着自行车闯入到院里来：

“二十九军与日本军队冲突了！……在卢沟桥……因为……”

他手扶着车，站着，明确简短地告诉了他所要告诉的话，就匆匆地骑着车子走了。

……

“慰劳英勇守土的二十九军！”

“发动华北民众，援助二十九军抗日！”

“请中央出师抗日！”

“驱逐日本帝国主义强盗出中国！”

“……”

募捐、慰劳、宣传、救护……每个学校顿时都成了巨大的蜂巢，救亡工作沸腾了。

暑天的苦闷的死寂，被卢沟桥的炮声冲破了！血涂的民族解放的大旗，被忠勇的二十九军的将士自动地展开来，竖到卢沟桥头的烽火里。

幽静壮美的故都，在漫天的烽烟里，变了它的容颜。这由一百五十万不愿做奴隶的人组成的巨大的抗敌的心脏，呼应着卢沟桥头的炮声，频促地跳动着。

以往每当夕阳西下，工作疲倦的时候，抱着刚过半岁的彭儿，坐在院中的石榴林中与家人乘凉聊天的闲情都被葬在这隆隆的炮声里。

“……卢沟桥是你们的坟墓……”

从乐陵吹来了这一股光荣的暴风，助长了燃起的抗敌的烈焰：

“保卫卢沟桥！”

“保卫我们的马德里！”

“完成五万条麻袋运动！”

“……”

连小学生都冒着火一般的直射的七月的太阳，流着大汗，成群结队地在各街巷征集着麻袋。

东四、西四、东单、西单、王府井、南池子……都筑起了街垒。

电讯掇拾：

“天津 × 日电：宋 ×× 抵津……”

“香月，宋 ××：杯酒言欢。”

呵，“和平之神”带着香槟酒的陶然的醉眼，在烽烟里微笑着。

布告节录：

“为防……严禁学生开会，募捐，结队赴前线及后方伤兵医院慰劳……”

东四、西四、东单、西单、王府井、南池子……警察协助着清道夫，在直射的七月的烈日下撤除麻袋。

“和平之神”在烽烟里微笑着。

平津铁道成了“天皇”运动的大动脉。陈觉生忠诚地执行着“天皇”军运的训令。每日都有无数的军运列车，加快地，通行无阻地由关外通过天津，开赴丰台，开入我们的后方。

沙袋似乎也生了腿，随着时局的紧弛，不知什么时候悄悄地横到马路的要口上，又不知什么时候悄悄地退去。

卢沟桥的炮声移到故都的近郊了——移到了大红门，移到了……

谣言在市上流传着：

“通州六千便衣队混入平市……”

“浪人，汉奸暴动……”

“日本提出条件……二十九军退到永定河以西……撤换冯××、秦××……驱逐一百六十名反日分子……”

“……”

呵，在死寂的，苦闷的，无风的，七月的烈日下，千百万颗燃烧着的喷火的心脏要炸裂了！

但“和平之神”依旧带着香槟酒的陶然的醉眼，在烽烟里微笑着。

当陈觉生以最大的努力与赤诚，在“和平之神”的微笑里刚刚完成“皇军”交给他的任务的时候——

“STOP！”……

哀的美敦书跟着廊坊的轰炸来了——

“限二十四小时二十九军退出平津！……”

“晚报！晚报！宋××的通电！”报童好像暴风雨前的海燕似的在马路飞掠着。

王府井大街鼎沸了！晚报发挥它从来没有的魔力，冲破了日常生活的平衡，把商店的门强闭起来，把店铺的人都吸到街上去！

步行的巡缉队，架着机枪，前端装着钢护板的摩托脚踏车队，到处巡视着。

金鱼胡同西口路北转角的二楼的露台上，架着机枪，设着监视哨。

我心在跳着，脚摸索着地在便道上走着，手拿着刚才抢买到手里的晚报，眼睛瞪着那油墨似乎还未干的大字：

“……× × 守土有责……誓率二十九军将士……与平市共存亡……”

“和平之神”带着清醒的眼睛，望着王府井大街的北口用沙袋堆得街心只能挤过一辆洋车的时候，就悄悄地失去了。

“和平之神”失去了。

大炮机枪的交响曲，随着夜幕的升起，疯狂地演奏起来。

窗子的玻璃，被彻夜的连珠似的大炮的巨响震得乱响着。

……

夜幕刚刚撤去，大队的飞机由东边飞来，在平市的上空分往西苑和南苑。刚越过了平市的上空，巨响的炸弹，不分个地响起来……

地震似的，全城都在颤动着……

交通完全断绝了……

午后炮声渐稀了。敌机还在平市的天空回旋着，不时杂以机枪的扫射……

“号外！号外！”

“我军占领丰台！”

“我军占领通州！”

“我军收复廊坊！”

“我军占领天津东西车站！”

“通州保安队反正！”

“敌军向东北溃退！……”

“……”

全市人民欢喜到疯狂了！

……

夜幕又升起了。大炮机枪的交响曲，又随着夜幕的升起更加疯狂地演起来。

那大约是机枪的声音构成的狂风的怒吼，但却没有一点风。漆黑的夜里只见交民巷日使馆的指挥城外作战的灯语，在黑天的背景上，火笔似的乱画着。

故都全浸在烽烟里。

白天“号外”带来的胜利的喜悦，消失在炮火的交响曲里，沉重的问号压在心头。

这是二十九日的早晨，市面现着异样的惊慌。东四牌楼附近，谁要抢到一份报的时候，那他就好像世界最有名的魔术师似的，他的周围即刻就形成一层层的各色各样的人，都拥挤地、吃惊地瞪着报上的大字：

“……张 ×× 代理委员长……宋 ×× 赴保视察……日

军今日由齐化门、广安门……入城……”

“他妈的！汉奸！……”

愤火攻着看报人的心，把报纸撕得粉碎了。

S骑着车子，碰到马路旁，他匆匆地随我到双辇胡同东口：

二十九军昨日午夜退出北平……大批MGS[①]随军西去……今晨天未亮时，有T校[②]……

汉奸坐着汽车在街上疯狂地疾驶着。天空里飘着由太阳牌飞机上落下的怪标语：

“华北人民团结起来！”……

好似巨大的铅块，压在每个人的心头！

呵，幽静壮美的故都呵，就这样浸到奴隶的悲愤里！

但是，故都呵，在你的周围，又响起了漫天的争自由的烽烟！……

① 民族解放先锋队代号。

② 东北大学。

见证中国

——爱泼斯坦回忆录（节选）

爱泼斯坦

1937 年 7 月 7 日，日本人的大炮突然在北京城外的卢沟桥轰鸣，中国开始了长达八年的抗日战争。我那天正在北京西郊香山卧佛寺度假，亲耳听到了炮声。如同卧佛那样，我对即将到来的命运攸关的大风暴，听而不闻。人们习惯了长期的紧张生活之后，会觉得炮声似乎也更遥远了。我结束了这次田园式的家庭度假之后，不是直奔武装冲突的现场而是回到了我在天津合众社的工作岗位。在这里，随着日本全面侵略战争的进行，我开始了几年的战地记者工作。

我个人所受到的战火洗礼开始于七月底。我奔走于天津古老的海河大桥（原称“万国桥”，现称“解放桥”）两侧。桥西是安静的“中立”的西方国家租界，我从这里发出新闻电讯。桥东在进行战斗，一方是数千武器精良的日本侵略军，另一方是约600名中国准军事部队“保安队”，只有步枪和机关枪。根据1901年的《辛丑条约》（八国联军镇压义和团后迫使清政府签订的不平等条约），中国的正规军不得在天津各处驻扎，30年代中期蒋介石政府在日本的外交和军事压力下进一步扩大了中国不得驻军的地区。这条海河大桥在作战区内，但嗖嗖飞过的步枪子弹并没有使我感到危险，直到我看见刚刚倒下的许多新的尸体——如英国诗人西格弗里德·萨松在第一次世界大战中所写的“在被扭曲了的耻辱中的死者形态”——才觉得浑身发凉。同时，日本侵略者的飞机正向南开大学俯冲轰炸，特别集中于图书馆，看来他们最恨的是爱国学生。

我一直保留着在日军总部举行的一次记者招待会的记录。

我们这些外国记者问他们：“为什么要轰炸大学？”

“诸君，这是因为这些无法无天的中国人在那里驻兵。”所谓“无法无天的中国人”是日本发言人惯用的官方语言，指的是所有反对日本侵略的中国人。

“我在那里没见过中国兵。”一个记者说。

“但那里的建筑物都很坚固。中国人会加以利用。”

“你怎么知道？”

“如果我是中国的司令官，我会利用。”

“难道这成为轰炸一所世界著名学府的理由吗？”

“诸君，南开大学是一个反日基地。我们必须摧毁所有反日基地……南开的学生都是反日亲苏的。”

“但是，上尉，现在正放暑假，校园里没有学生。”

这位日军上尉真的光火了：“诸君，我是一个军人。我告诉你们，我们正在摧毁南开大学。这是一个反日基地。所有中国的大学都是反日基地。”

“那末，日本人要摧毁所有中国的大学了……”

“请原谅。”

至于天津那些穿黑制服的武装警察（“保安队”），尽管老百姓在平时一点也不喜欢他们，他们的作战却是英勇的，提高了市民的士气，也使敌人清醒地认识到中国民族精神的深广。虽然总的来说在人数和装备上都远不如敌人，有一支保安队包围了火车站上的日军，直到日本援兵开来把他们救出。还有一支保安队勇敢地冲进飞机场，企图摧毁敌机，牺牲了半数人，这种不屈不挠的精神让侵略者丧胆。在战斗进行中，那个年轻的会说英语的日军司令部发言人对我们这些外国记者说：“我们今天晚上也许会被杀掉！”

保安队在抗击中得到许多学生和其他青年的支援。许多人被日军枪杀，其中有的纯属无辜。战死的中国士兵脸色黝黑，中弹处各不相同，而这些人脸色苍白，中弹处都在头部，显然是被枪决的无辜牺牲者。这是可怕的，更是令人愤慨的景象。

当天津的600名战士在奋战时，另一场战斗在距北京城仅几公里的通州爆发。这是1933年国民党签署了投降主义的《塘沽协定》之后，日本人一手炮制的“冀东自治政府”所在地。在这里，日本人所组织的保安队对他们的主子实行起义，杀死了几百名日本人。

日本人曾经把通州的伪政权吹嘘为华北在日本监护下实行“自治”的范例，所以这次起义对他们的打击特别沉重。在天津，日本发言人近乎歇斯底里地叫喊：“不管他们出于什么动机，通州保安队反抗的对象是他们在几小时前还宣称要为之服务的国家以及用友谊的纽带同他们联结在一起的人民（分别指日本及日本人——译者）。”

但我们早已听说，在通州城里原有一小队象征性的中国驻军，日本人解除他们武装之前曾说要保证他们的人身安全，但解除他们的武装之后就把这些失去抵抗能力的人全部枪杀了。在保安队里有爱国分子在秘密活动，保安队同中国驻军常常在一起吸烟聊天，所以日本人残杀中国驻军的暴行，使保安队无法再对日本人表示“忠诚”，而是要为被害的中国兄弟们报仇雪恨。

对日本人来说。他们尝到的苦果是：他们决不能期望中国人为了他们而不再做中国人。通州的起义队员撤出城外，消失在乡村之中。天津的日本侵略军邀请外国记者到通州去现场观察他们那些被“残暴屠杀”的同胞——那些人的尸体没有按日本习俗立即火化，而是仍然存放在那里展览。他们没有提到以前被杀的那些解除了武装的中国驻军士兵，那些士兵的尸体早已被匆忙运走。

由于连绵的阴雨加上夏季暑热，日本人后来自行取消了这次让外国记者观察尸体的旅行。

到 1937 年 7 月底，日本人已占领了天津——西方国家的租界除外，其中面积最大的英租界成了不愿意生活在日本占领下的人们的主要避难所。从这里，人们乘外国航轮，可以先到敌军尚未占领的沿海港口，然后去大后方。由于这一情况，在租界里找住处很困难，买船票就更困难了。

起初，斯诺夫妇介绍几个学生来找我帮忙寻住处。接着，斯诺本人和贝特兰乘火车从日本占领下的北京来到天津。他们护送来两位年纪较大的妇女和一位男士，他们告诉我，这三位都是想离开日占区的爱国人士。如果有中立国家的外国人同他们一起走，他们装作是这些外国人的雇员或随从，可以免去被车上的日本宪兵扣留或遭遇更大不幸的危险。事实上，这几位中国人的地位比我所知道的重要得多，他们处境的危险也大得多。

年纪较大的那位妇女是邓颖超——周恩来的妻子，她本人也是中共中央的一位高级干部。她秘密到北京来治疗肺结核病（长征时所得）。斯诺为他的著作《红星照耀中国》收集材料时认识她，那时她穿着八路军的制服。日本人占领北京后，有一天她穿着城里时髦妇女的服饰来到斯诺家里找他，斯诺一下子认不出她来了（在来天津的路上，她改穿最朴素的衣服）。

那位矮矮胖胖、穿着西装的中年人是王世英。斯诺说他是一位大学教授，实际上他是一位在国民党地区活动的饱经风霜的中共地下工作者。

年轻一些的妇女是张晓梅，也是中共党员。后来过了很长时间我才知道，她是邓小平第一位夫人（为国民党杀害）的妹妹。他们三人当时用的都是假名，我对他们的真实身份一无所知，光知道他们是需要帮助的爱国人士，这就足够了。我把王世英安顿在我当时的岳父母家中，他们正好回美国度暑假去了。他们是美国公民，受治外法权的保护，所以他们的住处较为安全。我为两位妇女在一家印度人开的旅馆——孚中饭店找了个住处。

斯诺问我能否帮他们买到去上海或其他未沦陷港口的外轮船票。正好我也想走，因为我写反日文章的事已经公开，我又无国籍，出了事得不到任何保护。幸运的是，我父亲的业务中有一项是为出口货物办理保险，所以同英国的太古洋行关系不错。我把他们三人说成是同行的职员，买了和我同一条船的船票。那个年轻的英国售票员倒确实是问了我一句：“你肯定他们不是坏人吗？”说时露齿一笑。在当时的形势下，这可不是开玩笑的事。但我不说话，也只对他笑了一笑，他就不再问下去了。也许他还乐于让日本人受一回骗，因为日本人对于一向居于主导地位的英美势力正在步步紧逼，引起后者越来越强烈的愤恨。

我们顺利地从英租界内的海河码头乘上汽艇，开到大沽口，一艘在沿海航行的客轮正停泊在海上，将开往上海。当我们起锚时，许多日本登陆艇在周围出现，它们运来了更多的日军以扩大对华北的侵略。

让他们来吧——我记得当时我是这样想的。中华民族到底起来抵抗了。侵略者将发现，他们来时容易，要脱身就难了，最后势必在失败中被赶出去——虽然时间可能不会太快。我这几位久经锻炼的同行者一定也在这样想，不是出于年轻人的热情，而是出于他们长期以来不怕挫折、终获胜利的经验。

我们都没有到上海。我们航行的第二天，船上的无线电收音机就传来了日军大举进攻上海的消息（1937 年 8 月 13 日）。船长宣布，船在烟台和青岛停靠后将直驶英国统治下的香港——那里我们谁都不想去。

我的中国同伴在烟台下了船——后来我知道他们去山东省的铁路枢纽站潍县，转道到西安和延安。我在青岛下了船，去南京继续我在合众社的工作。

多年以来，不论是在我知道真相之前或之后，我从来没有对人谈起过这一帮助三人脱险的插曲。就我所知，他们三位也没有对人说过。我确实在 1938 年又在较远的距离见到过一次邓颖超，她同周恩来在一起（那时国共抗日统一战线还在发展，周恩来是中共代表，在国民党统治区工作）。但她的形象和处境同在天津遇见时相差太远，所以我的脑海里没有把这两个人联系起来。我作为记者同周恩来见面时，他也没有暗示过这件事，不过我猜想他一定知道，因为他通过他的部下对我的新闻报道工作给了很大帮助，使我及时掌握了战时情况的新发展。

直到 1973 年，即中华人民共和国成立后的第三个十年中，在斯诺的部分骨灰安葬在北京大学校园（前燕京大学校园，斯诺在这里多年从事教学和支援学生运动）的仪式上，邓颖超走到我面前，追述 1937 年在天津出险的往事——这已经是 45 年前的事了。她说话的声音很大，周围的人都能听到。这次见面的环境也是非常“特殊”的。我在“文革”中被关进秦城监狱几近五年，这时刚被释放，一些人见了我还故意回避。不难想象，她何以要选择这个时机来同我谈话，而她这样做对我又意味着什么。

1985 年，在我 70 岁生日的时候，她更加公开地谈起这些往事并让这些往事见诸报端。

我和王世英的重逢要更早一些，只隔了七年——1944 年在延安。我参加中外记者西北访问团，突破国民党的新闻封锁，访问延安和敌后抗日根据地。有一部分外国记者准备亲自去访问并报道晋绥抗日根据地的游击战，八路军总部派了一位高级干部来带队。他见了我，盯着看了一会儿，惊喜地喊道："在天津见到的就是你吗？"他穿着灰色军装，我真认不出他就是斯诺带来的那位穿着西装的"教授"。我确实也长大多了，不是他最初见到的那个22岁的小子了。我们谈了很多这些年里所经历的事情。

张晓梅在解放后曾任北京市妇联主席。

但他们两位都未能在"文革"中活下来——令人伤心的人才糟蹋。

从以上的叙述可见，在1937年，历史的潮流已将我从旁观中国革命转变为卷入中国革命并在未来的岁月中越卷越深——虽然在当时，我还没有充分地意识到这一点。

（沈苏儒　译）

左权给左铭三的信

左　权

叔父：

你六月一日的手谕及匡家美君与燕如信均于近日收到，因我近几月来在外东跑东［西］跑，值近日始归。

从你的信中已敬悉一切，短短十余年变化确大。不幸林哥作古，家失柱石，使我悲痛万分。我以己任不能不在外奔走，家中所持者全系林哥，而今林哥又与世长辞，实使我不安，使我心痛。

叔父！我虽一时不能回家，我牺牲了我的一切幸福为我的事业来奋斗，请你相信这一道路是光明的、伟大的，愿以我的成功的事业报你与我母亲对我的恩爱，报我林哥对我的培养。

卢沟桥事件后迄今已两个多月了，日本已动员全国力量来灭亡中国。中国政府为自卫应战亦已摆开了阵势，全面的战争已打成了。这一战争必然要持久下去，也只有持久才能取得抗战的胜利。红军已改名为国民革命军，并改编为第八路军，现又改编为第十八集团军。我们的先头部队早已进到抗日的前线，并与日寇接触。后续部队正在继续运送，我今日即在上前线途中。我们将以游击运动战的姿势，出动于敌人之前后左右各个方面，配合友军粉碎日敌的进攻。我军已准备着以最大艰苦斗争来与日军周旋。因为在抗战中，中国的财政经济日益穷困，生产日益低落，在持久的战争中必须能够吃苦。没有坚持的持久艰苦斗争的精神，抗日胜利是无保障［的］。拟到达目的地后，再造通讯处。专此敬请

福安！

侄宇林九月十八日晚于山西稷山县

两位婶母及堂哥二嫂均此问安。

还我缘缘堂

丰子恺

二月九日天阴，居萍乡暇鸭塘萧祠已经二十多天了，这里四面是田，田外是山，人迹少到，静寂如太古。加之二十多天以来，天天阴雨，房间里四壁空虚，行物萧条，与儿相对枯坐，不啻囚徒。次女林先性最爱美，关心衣饰，闲坐时举起破碎的棉衣袖来给我看，说道："爸爸，我的棉袍破得这么样了！我想换一件骆驼绒袍子。可是它在东战场的家里——缘缘堂楼上的朝外橱里——不知什么时候可以去拿得来，我们真苦，每人只有身上的一套衣裳！可恶的日本鬼子！"我被她引起很深的同情，心中一番惆怅，继之以一番愤懑。她昨夜睡在我对面的床上，梦中笑了醒来。我问她有什么欢喜，她说她梦中回缘缘堂，看见堂中一切如旧，小皮箱里的明星照片一张也不少，欢喜之余，不觉笑了醒来，今天晨间我代她作了一首感伤的小诗：

儿家住近古钱塘，也有朱栏映粉墙。
三五良宵团聚乐，春秋佳日嬉游忙。
清平未识流离苦，生小偏遭破国殃。
昨夜客窗春梦好，不知身在水萍乡。

平生不曾作过诗，而且近来心中只有愤懑而没有感伤。这首诗是偶被环境逼出来的。我嫌恶此调，但来了也听其自然。

邻家的洪恩要我写对，借了一枝破大笔来。拿着笔，我便想起我家里的一抽斗湖笔，和写对专用的桌子。写好对，我本能伸手向后面的茶几上去取大印子，岂知后面并无茶几，更无印子，但见萧家祠堂前的许多木柱，蒙着灰尘站立在神祠里，我心中又起一阵愤懑。

晚间章桂从萍乡城里拿邮信回来，递给我一张名片，严肃地说："新房子烧掉了！"我看那名片是二月四日上海裘梦痕寄发的。信片上有一段说："一月初上海新闻报载石门湾缘缘堂已全都焚毁，不知尊处已得悉否。"下面又说，"近来报纸上常有误载，故此消息是否确凿不得而知。"此信传到，全家十人和三个同逃难来的亲戚，齐集在一个房间里聚讼起来，有的可惜橱里的许多衣服，有的可惜堂上新置的桌凳。一个女孩子说，大风琴和打字机最舍不得。一个男孩子说，秋千架和新买的金鸡牌脚踏车最肉痛。我妻独挂念她房中的一箱垫锡器和一箱垫磁器。她说，早知如此，悔不预先在秋千架旁的空地上掘一个地洞埋藏了，将来还可去发掘。正在惋惜，丙潮从旁劝慰道："信片上写着'是否确凿不得而知'，那么不见得一定烧掉的。"大约他看见我默默不语，猜度我正在伤心，所以这两句照着我说。我听了却在心中苦笑。他的好意我是感谢的，但他的猜度却完全错误了。我离家后一日在途中闻知石门湾失守，早把缘缘堂置之度外，随后陆续听到这地方四得四失，便想象它已变成一片焦土，正怀念着许多亲戚朋友的安危存亡，更无余暇去怜惜自己的房屋了。况且，沿途看报某处阵亡数千人，某处被敌虐杀数百人，像我们全家逃出战区，比较起他们来已是万幸，身外之物又何足惜！我虽老弱，但只要不转乎沟壑，还可凭五寸不烂之笔来对抗暴敌，我的前途尚有希望，我决不为房屋被焚而伤心，不但如此，房屋被焚了，在我反觉轻快，此犹破釜沉舟，断绝后路，才能一心向前，勇猛精进。丙潮以空言相慰，我感谢之余，略觉嫌恶。

然而黄昏酒醒，灯孤人静，我躺在床上时，也不免想起石门湾的缘缘堂来。此堂成于中华民国二十二年，距今尚未满六岁。形式朴素，不事雕斫而高大轩敞。正南向三开间。

中央铺方大砖，供养弘一法师所书《大智度论·十喻赞》，西室铺地板为书房，陈列书籍数千卷。东室为饮食间，内通平屋三间为厨房、贮藏室及工友的居室。前楼正寝为我与两儿女的卧室，亦有书数千卷，西间为佛堂，四壁皆经书。东间及后楼皆家人卧室。五年以来，我已同这房屋十分稔熟。现在只要一闭眼睛，便又历历地看见各个房间中的陈设，连某书架中第几层第几本是什么书都看得见，连某抽斗（儿女们曾统计过，我家共有一百二十五只抽斗）中藏着什么东西都记得清楚。现在这所房屋已经付之一炬，从此与我永诀了！

我曾和我的父亲永诀，曾和我的母亲永诀，也曾和我的姐弟及亲戚朋友们永诀，如今和房子永诀，实在值不得感伤悲哀。故当晚我躺在床里所想的不是和房子永诀的悲哀，却是毁屋的火的来源。吾乡于中华民国二十六年十一月六日，吃敌人炸弹十二枚，当场死三十二人，毁房屋数间。我家幸未死人，我屋幸未被毁。后于十一月二十三日失守，失而复得，得而复失，失而复得，得而复失，……以至四进四出，那么焚毁我屋的火的来源不定，是暴敌侵略的炮火呢，还是我军抗战的炮火呢？现在我不得而知。但也不外乎这两个来源。

于是我的思想达到了一个结论：缘缘堂已被毁了。倘是我军抗战的炮火所毁，我很甘心！堂倘有知，一定也很甘心，料想它被毁时必然毫无恐怖之色和凄惨之声，应是蓦地参天，蓦地成空，让我神圣的抗战军安然通过，向前反攻的。倘是暴敌侵略的炮火所毁，那我很不甘心，堂倘有知，一定更不甘心。料想它被焚时，一定发出喑呜叱咤之声：“我这里是圣迹所在，麟凤所居。尔等狗彘豺狼胆敢肆行焚毁！亵渎之罪，不容于诛！应着尔等赶速重建，还我旧观，再来伏法！”

无论是我军抗战的炮火所毁，或是暴敌侵略的炮火所毁，在最后胜利之日，我定要日本还我缘缘堂来！东战场，西战场，北战场，无数同胞因暴敌侵略所受的损失，大家先估计一下，将来我们一起同他算账！

战争与和平

郑振铎

和平之被蔑视，莫甚于今日。“九一八”的炮声，开始判定了和平的危机。此后，几无一年没有大战争的威胁。战神的身躯巨伟的阴影，似乎不时地徘徊在天空。

卢沟桥的炮声——他们所谓第二“九一八”事件——展开了第二幕的东亚和平——乃至世界和平的威胁。

战事有一触即发之感——笔者草此文的时候，正在和战将决的关头。

如何能够避免战争？如何能够保卫和平？

好战的侵略者在没有遇到重大的回击之前，总是趾高气扬地不会感觉到战争的可怕，像弄火的猫，在没有烫伤了足爪之前，它总以为火是可狎弄的。

只有“打击”才能终止了“打击”！

我们是爱好和平的，但也并不躲避战争。

如果好战的侵略者威胁和平，危害我们国家民族的生存、国土的完整时，我们还能高谈和平么？

侵略者已装上了刺刀，正向我们冲锋过来时，我们还能再三谦让地躲避战争么？

当侵略者以狰狞的面貌，执着上了刺刀的枪而出现时，任何有理的话都不能变更他的决心的。

狼看见一只羔羊，走了近去，说声：“好大胆，你在我草地上吃草！”就要扑过去。小羊乞怜地辩道：“我还吃母亲的奶呢。”狼连忙转口道：“你为何在上流喝水，玷污了我的河流？”小羊道：“我今天刚刚走出来，还没有走到河边呢。”狼道：“那是去年的事了。”小羊辩道：“去年我还没有出生呢。”狼语塞，但仍然扑了过去，攫住小羊吃了。

当胜负之数了然可知的时候，侵略者的狼是决不肯轻轻放过弱者的羔羊的——无论你是如何的理直气壮。

但当你不复是一只羔羊而是一只猎犬时，狼的攻击态度便要谨慎得多了——也许便要悄悄地夹尾而遁。

我们是羔羊，还是猎犬？对于那国际“狼”，我们果将如何应付？

正义和真理，都站在我们的一边。但那是不够的，我们还需要“武力”。

如果“正义”和“真理”不和“武力”在一起，那末，我们只是国际上的羔羊而已。谈不到战争，也谈不到和平。战与和的枢纽，都握在侵略者的手里。

有了“武力”，那“真理”与“正义”方能发挥它们的作用，那战争方得防止，那和平方得有真正的保障。

必须握着战与和的枢纽，方才有真正的和平可得。

所以，我们现在只有一条路：在民众拥护的基础上准备充分的武力，足够给侵略者的致命的攻击的武力！

万众一心，万流归一；凡一切努力，凡一切建设，凡一切文化，都应该以武力的蓄养为第一。

我们是爱好和平者，我们不是侵略主义者。但唯其爱好和平，愈不能不为“和平”而准备着足够回击侵略者的充足的武力！

只有与民众结合的“武力”才能防止战争，才能保卫和平。

抗战周年

郁达夫

以为三个月，可以全部灭尽中国的日本法西斯军阀，近来也似乎有了觉悟，开始唱起长期侵略的鸟调儿来了。自以为三个月也可以亡尽的我国恐日病患者，现在都已霍然去了旧疾，对于抗战必胜的信念，一日坚固一日，比开始抗战的当时，恰恰加强了三百六十五倍。这是目下的实际情形，这恐怕也要成为将来总决算时的两颗五位的算盘珠。保卫大武汉的决心，民众与士兵一样地铁定了下来，大家都在说："有力者只有在此时出力，有钱者情愿于不看见老头票的前夜，扫数地将法币贡献给国家。"因为敌兵一到，就会要你出命！力与钱自然要比生命落一等，为保守扶养生命的东西之故，而愿意先把生命不加以秤衡的呆子，现在的中华民族里，恐怕只有寥寥的几个，它们的名字就叫做汉奸。

抗战周年纪念的日期，恰巧与保卫大武汉的运动，交叉在十字街头；生命的火上，就加足了瓦碎的玉树神油，敌机的推进机，恐怕都要升化成一道黑烟，而缭绕在扬子江的高空。警报过多了，就也不足为怪，不以为奇，因为一般民众的抗战决心，大部是由警报来唤起的。

黎明期近了，东亚的安定势力，不是虐杀，也不是乱炸，更不是奸淫与虏掠，恐怕是残留在每一个民族，每一个国家最下层民众心里的人道与正义这两个无形的集团军。

抗战周年纪念日于武汉

抗战周年随笔

叶圣陶

去年卢沟桥事件发生以后，不到半个月，中央当局就有明白严正的表示。但是北平、天津相继失陷，中央当局还没有什么实际行动，不免使人有“但闻楼梯响，不见人下来”之感。其时我怅惘得很，按《鹧鸪天》调子写了一首词。

不定阴晴落叶飞，小红花自媚疏篱，颇惊宿鸟依枝久，亦讶行云出岫迟。

吟止酒，写新词，寻消问息费然疑。同仇敌忾非身外，莫道书生无所施。

“宿鸟”指飞机。集款购机，近几年来是一件大事，北方已经打得这么厉害，而飞机还不出动，不免惊诧那些

“鸟”“宿”在枝上睡得那么沉酣。“行云”指对付敌寇的具体计划，从报纸上看，今天这样说，明天又那样说，今天硬一点儿，明天又软一点儿，为什么那“行云”还不“出岫”呢？直到八月十三日的下午，买到地方报纸的号外，说上海我军已经和寇军开战了。第二天又听到我空军初次出动，大获胜利的消息。我的怅惘这才完全消散，我不再“惊”“讶”了，我们的“鸟”原来是“一飞冲天”的大鹏，我们的“行云”原来是“天地为之变色”的势力。

九月三日的夜间，吴大琨君来访。他在上海做救护难民的工作，这一次回苏州就为护送难民回籍。他告诉我关于伤兵的故事，又告诉我难民的一般情况。我把他的话写了两首词，调子是《卜算子》。

“莫致慰劳辞，谁耐闲消遣！快与咱家去弹丸，心急回前线！”“留臂创难治，去臂魂先断。岂似新丰折臂翁，独臂争重战！”

齐视死和生，哪问恩和怨？荡析伤夷任惨凄，独颂今回战。紧紧咬牙根，炯炯睁双眼。身份无分共一舟，民质从今变。

第一首记的是两个伤兵的话。噜噜苏苏的慰劳话，听起来有点儿厌烦，爽直的伤兵就说：“不用慰劳吧！快给我去掉中在身上的子弹，我还要回前线去呢！”第二个伤兵可真惨，他不单是身上受了伤，连精神也受了伤了。要把那条臂留着，创口难以医治，如果去掉那条臂，单剩一条臂，怎么能再上前线呢？这种精神上的创伤比身体上的创伤更为难受。“新丰折臂翁”是我加进去的，伤兵当然不会知道白乐天有过这么一首乐府，写一个厌战而损伤自己肢体的懦夫。我用这个典故，不过表明“我岂是个怕打仗的懦夫”的意思罢了。第二首里的“独颂今回战”和“民质从今变”两句，现在想来，可以说是对一年来我们同胞的总题语。一年来我跑了几千里路，遇见了各式各样的人，他们中间有的叹息事业的衰败，有的痛哭亲属的死伤，有的离开了故乡，身无立锥之地，有的倒空了钱袋，更无买饭的钱。但是没有一个怨恨这回抗战的，没有，绝对没有，大家只是更炽热地燃烧着对于敌寇的仇恨，更固执地抱持着抗战到底的意志。这是个最为值得注意的现象，就是所谓“民质从今变”。

九月二十一日，我全家离开苏州。我在苏州住的是新造的四间小屋，讲究虽然说不上，但是还清爽，屋前种着十几棵树木，四时不断地有花叶可玩。

那天走出家屋，几时再回来是未可预料的，也许回来时屋已被炸被烧了，可是当时我自己省察，并没有什么依恋爱惜之感。我以为抗战要本钱，本钱就是各个人的牺牲。具有积极意义的牺牲就是所谓“有钱者出钱，有力者出力”。仅有消极意义的牺牲就是不惜放弃所有，甘愿与全国同胞共同忍受当前的艰苦。积极意义的牺牲，价值当然极大，但是消极意义的牺牲也并非无关紧要。一个人当情势危迫，不得不放弃所有的时候，假如想不通，看不破，硬是不肯放弃所有，那么汉奸心理就像病菌似的侵入他的灵魂了。所以能够作消极的牺牲，也算在抗战这一桩大事业上出了一份本钱，是心安理得的事。两个月前，丰子恺先生抄给我看他写的一首诗。那诗是答复友人作了诗来吊他的已毁的缘缘堂的。

寇至予当去，非从屈贾趋。
欲行焦土策，岂惜故园芜？
白骨齐山岳，朱殷染版图。
老夫家亦毁，惭赧庶几无。

丰先生所说的“惭赧庶几无”，大概正是我所说的作了消极意义的牺牲的意思。不过我在苏州的家屋至今没有毁。我并不因为它没有毁而感到欣喜。我希望它被我们的游击队的枪弹打得七穿八洞，我希望它被我们正规军队的大炮轰得尸骨无存，我甚至希望它被逃命无从的寇军烧得干干净净。

去年“八一三”以后，苏州地方也闹过某人某人是汉奸的风说。当时我也暗自揣想，万一上海方面我军失利，寇军到了昆山，某某等人会冒用全体苏州人的名义，到昆山去欢迎他们，希望他们不要糟蹋苏州吧。后来苏州失陷了，从报上看到所谓维持会中人物的姓名，居然有两三个是我预料到的。这批人大都有田，有钱，有玩好，有享用，临到危难，不肯放弃所有，就傀儡登场当汉奸了。顾颉刚先生曾经写信给我，说到苏州的汉奸道："维持会中，某姓甚多，亦见故家大族之鲜克由礼也。"故家大族为什么会这样不争气？就在乎他们有"所有"，把"所有"看得太重了，"所有"之外的一切当然都丢在脑后了。这批汉奸有一件事，使人听了非常难受，觉得啼笑皆非。他们为了逢迎寇军，在张贴的通告上写上"昭和"的年号，寇军却假仁假义说："这是你们中国人的事，照旧用中华民国好了。"他们听了哪敢照旧用，结果有一个聪明的汉奸想出了改用西历纪元的办法，据说一直用到如今了。就在这件简单的事上，汉奸心理充分表现出来了。这批人若不消灭净尽，我真耻为苏州人。去冬从宜昌来重庆，在江轮上写一首诗道：

故乡且付梦魂间，不扫妖氛誓不还。
偶与同舟作豪语，全家来看蜀中山。

我爱故乡，我切盼回到扫尽了"妖氛"的故乡。

纪念“七七”

臧克家

“七七”的纪念，是历史上最伟大的纪念日，那末，我们惟有用血来纪念它，用骨肉头颅来换取国家的独立、自由、平等，以完成历史上空前的伟大的事业。

这种伟大的事业，是需要“干”与“战”来换取的。对于战局有着冷静、沉着的看法，是纪念“七七”最有意义、最起码的作用，尤其是目前争取第三期抗战保卫大武汉所要求于老百姓的先觉态度。

进一步我们要求纪念“七七”要接受以前的教训，而克服其弱点，还要大大地增加新的建设。

目前最感恐慌的还是组织与训练民众的问题。“功贵民众”是去年“七七”到今年“七七”叫得舌破唇焦的口号，可是动员民众还是仍旧存在的问题。如果我们说以血来纪念“七七”，我们就该以虚心来接受血的教训，才不算空谈。

1938 年

“七七”的感想

夏　衍

“七七已经快两年了！”“唔，日子过得真快啊！”——这是近日来常常听到而并不感到异样的谈话，但是，这两年的日子真的过得很快吗？

在这两年之内，每一分每一秒的时间，都是用勇士的血和年轻的生命来填充了的。尽管那无言地支付了这些血和生命的人们，事前和事后都不曾权衡过个人的利害和得失，但是在战场上，在堑壕里，在伤兵院，在难民营，两年该不是一个很快地可以度过的时日吧。

在“七七”两周年纪念的今天，第一，我想我们应该静静地默念一下在这两年里面支付了鲜血和生命的英雄们所遗留下来的负担和事业。使他们的支付不能得到最后的报偿，这是我们无可追补的罪孽。宣言不能使敌人却步，感慨不能使胜利到来。使他们的牺牲不至于没有代价的责任，已经不在别人身上。地球默默地在转，“日子过得很快”，可是每分每秒，我们的肩上却加添着无可推诿的责任。

“七七”是我们受难的民族史上的一个报道着我们的屈辱时代已经过去的春雷。但是我们不能忘记，我们争取到这一日，绝不是容易的事情。没有热泪，是不能追想争取到这一日子的那斗争的困苦和牺牲的。所以，在今天假使我们要骄傲地自承我们在争取这个日子之到来的斗争中文化工作者曾经尽了应尽的力量。那么我想，我们为着要贯彻这个用生命去争取得来的伟大的目的，在今天也该更勇敢地担当起持续战斗以至最后胜利的责任。首先吹奏进军喇叭的号手在同志们生死肉搏的时候开始沮丧，这不单是羞耻，简直是罪恶。在肉搏决胜的那严重关头假使有人在你身边叹气摇头，那你该立刻用你的喇叭去扑灭这些身边的敌人！

照中国的说法，7 月 7 日是一个“巧节”，而现在，我们的“七七”抗战建国节恰恰也位置在三个世界伟大纪念日的中间。7 月 4 日是象征着民族独立的美国的国庆，7 月 14 日是象征着民权伸张的法国革命的节日，而 7 月 18 日却是标志着反对法西斯侵略战争的西班牙革命的纪念。前两个日子说明着我们这次抗战的性质和预示着我们胜利的前程，后一个日子却严厉地要求着我们更勇敢更坚定地负担起世界规模的保卫和平文化与反对侵略的责任！

7 月是一个成长、繁茂、清新和丰饶的月，7 月也是一个革命、斗争、流血和胜利的月，让我们从这光辉的 7 月获得启示和鼓舞，以更新的战斗，来突破胜利将要到来之前的那最后的也是最艰苦的困难吧。

使人哭泣

——“七七”的感想

夏　衍

使人哭泣的情景，使我永也不能忘怀。

从汉口回广东的途中，遇见了很多列的兵车，那都是从广东开拔到前线去的。在南国，5 月的太阳已经很猛烈了，在车厢里的我们已经热得透不过气来。兵士们搭的都是没有顶的货车，毒日头不容情地罩在他们顶上，铁皮车已经晒得火烫了。车少人多，兵士们挤得不能转动，武器、弹药、背囊堆在车上，半裸体的人们只能像吸住在岩石上的贝类一般地粘在灼热的车皮上了。过站的时候他们唱歌，喊口号，用脏黑的毛巾揩汗，再将湿透在毛巾上的汗水着力地挤去。他们的脸上没有表情，不夸示，不兴奋，也不抱怨这种苦痛的遭际，很平常，平常到和平时出门去旅行一样。知识分子文化人们偶尔到“前线的后方”去巡历一次，就会很自然地流露在言语和表情中的那种傲视侪辈的表情，在这些真真为着祖国而去牺牲的勇士们脸上是一丝痕迹也找不到的。我深深地惶愧——我们对国家民族尽了些什么力量，而有权利可以舒服地坐在这有座位乃至有睡铺的车上？我不敢正视他们，我无言地谴责着自己！

下了一阵骤雨，车停在另一个小站上了。又是一列兵车隔着月台横在我们前面。雨后的太阳，比以前更猛烈了，被骤雨浸透了的兵士们的衣服、肌肤、头发，都发出了蒙蒙的水气，他们跳下车来，好不容易地脱下了紧粘在身上的汗衫，把雨水绞去，重新穿在身上，将浸湿了的上衣、被服胡乱地披在车的铁皮外面。他们没有伸一伸腿的工夫，口哨一响，匆忙地爬上车，唱着歌，他们又北上了。等待着他们的，是要死力捍卫的国土，是猛烈的战斗，是不可避免的牺牲！而他们，却不夸示，不兴奋，不抱怨地去了。这平凡而伟大的精神使我哭泣，避着人将大粒的眼泪咽进了胸膛。

“灵魂的技师”“革命的喇叭”……一切有快感的好名词，全给文化人占用尽了，可是在这次决定民族运命的抗战中，和这些沉默地战斗、沉默地牺牲的真真的“民族的精英”比拟起来，我们做了些什么？我们曾否鼓舞了他们，慰藉了他们，帮助了他们？我们的工作，在抗战中究竟起了怎样的作用？这些在我们扪心自问的时候会得到一个惨痛的答案的。

在小圈子里闹意气、争派别、发牢骚、不满工作环境的时候，最好是闭着眼想一想这使人哭泣的情景。

为了胜利

——三年来创作的一个报告

艾　青

一

一九三七年七月六日，我在沪杭路的车厢里，读着当天的报纸，看着窗外闪过的田野的明媚的风景，我写下了《复活的土地》——在这首诗里，我放上了一个解放战争的预言：

……我们曾经死了的大地
在明朗的天空下
已复活了！

——苦难也已成为记忆
在它温热的胸膛里，
重新漩流着的
将是战斗者的血液。

是的，“将是战斗者的血液”——这话语在第二天就被证实了。卢沟桥的反抗的枪声叫出了全中国人民的复仇的欢快。

二

战争真的来了。这是说，原是在人民的忍耐中的，原是在诗人的祈祷中的，打碎锁链的日子真的来了。这时候，随着而起的是创作上痛苦的沉思：如何才能把我们的呼声，成为真的代表中国人民的呼声。这样的呼声，从最初的意义上说就是迥异于侵略者的，或是国家主义的，或是军国民精神的一种呼声。这样的呼声，更和封建的军民之间的关系绝缘；这样的呼声，必须把这战争看做和全国人民的生活要求、革命意志毫无相间地连结在一起的一个事件。

在三四个月长期的沉默之后，我才写了一首《我们要战争呵——直到我们自由了》。

这是一个誓言。这是我为自己给这战争立下的一块最终极的界碑。

三

于是我在战争中看见了阴影，看见了危机。早在三年前，我已看见了汪精卫的动作与表情，与一个像发自播音筒里的没有生命的语言。还有，他的那颗被包裹在肋骨里的，早已腐烂了的心。

我以悲哀浸融在那些冰凉的碎片一起，写下了《雪落在中国的土地上》，我不幸地发现了：

……

中国的路
是如此的崎岖
是如此的泥泞呀。

而我更使自己知道战争的路给谁走是最艰苦的，而且也只有他们才会真的走到战争的尽头，才会真的从自己的手里建造起和平——真的和平，而不是妥协，不是屈服，不是投降，不是挂白旗的和平。

四

我到了北方。在风沙吹刮着的地域，我看见了中国的深厚的力量。每天列车运着无数的士兵与辎重与马匹驰向前线。

我曾和一些朋友，在车站上和潮湿的泥地上睡眠——为了向民众宣传。我曾看见了有些人如何对抗战怠工，如何阻碍着发动民众的工作。但我更看见了民众的力量在无限止地生长，扩大到任何一个角落——当我每到一个地方的时候，都会遇见一些纯朴的青年，因爱好真理而爱好了文学和因爱好了文学而爱好了真理是一样的，他们都是最勇敢而坚决的战斗员。我也接触了一些民众，他们已学会了理解战争，他们的语言常常流露了自己单纯而最本质的愿望。他们是新的中国的基本的构成。

回到武汉之后，我在这种新的信心里，写了《向太阳》，以最高的热度赞美着光明，赞美着民主；写了《吹号者》，以最真挚的歌献给了战斗，献给牺牲。

《他死在第二次》是为“拿过锄头”的、爱土地而又不得不离开土地去当兵的人，英勇地战斗了又默默地牺牲了的人所引起的一种忧伤。这忧伤，是我向战争所提出的，要求答复与保证的疑问。

不久，我就回到了农村，写了许多田园诗，这些诗多数写的是中国农村的亘古的阴郁与农民的没有终止的劳顿，连我自己也不愿意竟会如此深深地浸染上了土地的忧郁。

但是假如我们能以真实的眼凝视着广大的土地，那上面，和着雾、雨、风、雪一起，占据了大地的，是被帝国主义和封建地主搜刮空了的贫穷。这是比什么都更严重而又比什么都更迫切的——就是合理地解决土地问题。这是抗战建国的基本问题之一。

今年五月初，我写了《火把》，这可说是《向太阳》的姊妹篇。这是我有意识地采用口语的尝试，企图使自己对大众化问题给以实践的解释。

最近我正集中全力写长诗《溃灭》，写法国政府拂逆了民意，驱迫人民进行帝国主义战争，到危急时又惧怕武装民众，最后不得不屈膝求和，出卖了国家和民族的经过。

此外我写了一些散文，写了几篇论文，一篇《诗人论》，一篇《诗论》。

五

在这三年间，我写了近百首短诗；写了《向太阳》《吹号者》《他死在第二次》《火把》等长诗；写了《我们要战争呵——直到我们自由了》《反侵略》《仇恨的歌》《通缉令》《大不列颠的弥撒》《哀巴黎》《强盗同盟》（未发表），以及关于捷克的，关于周作人的等政治诗。

有人向我戏谑地说："你真是一个斯达哈诺夫运动者。"听了心里很不愉快。我想假如我向敌人放射几颗子弹，人们是不是也要戏谑我呢？不会的。

那么我是不是为了这戏谑就不写诗了呢？不会的。

我永远渴求着创作，每天我像一个农夫似的在黎明之前醒来，一醒来，我就思考我的诗里的人物和我所应该采用的语言，和如何使自己的作品能有一分进步——虽然事实上进步得很慢。

即使我休息了，我的脑子还是继续在为我的诗而转运着，甚至在我吃饭的时候，甚至在我走路的时候。

我说过这是一种苦役。

而我始终不愿意放弃这苦役——自从我只留下这唯一的武器了，我不再有其它的武器比写诗更运用得熟练了，自从我不再画画了之后，它已成了我唯一的可以飞出子弹的出口孔了，假如把这出口孔塞住了，这是要在沉默里被窒死的。

六

批评家们对我的作品曾直率地说了一些话，他们的赞词我不愿意提起，他们的非难大致有如下的几点：

有的说我被象征主义所损害。他们以为我的手法，是象征主义的手法呢，还是我的气氛是象征主义的气氛呢？

我不隐讳我受了象征主义的影响，但我并不欢喜象征主义，尤其是梅特林克的那种精神境界。

我的诗里有些手法显然是对于凡尔哈仑的学习——这位诗人如此深刻又广阔地描写了近代的欧罗巴的全貌，以《神曲》似的巨构，刻画了城里与乡村的兴衰的诸面相，我始终致以最高的敬仰的。而他的那种对于未来世界的向慕与人类幸福彼岸之指望，更是应该被这艰苦的世纪的诗人们公认为先知者的声音的。

我希望我们的批评家所非难的是诗上的象征主义，却不是诗的象征的手法。

有的说我有自然主义的倾向，这是源于我的有些诗，采取了冷静的或是反拨的态度去写作的一种误解。我厌恶浪漫主义，但我也厌恶自然主义——它们同样是萎谢了的风格。

有些人为我的诗里的忧郁辩护，而另外的一些人则非难我的诗里的忧郁，更有的则在我的诗上加上“感伤主义”的注解。（对于最后这种脂肪过剩的意见，我是要拒绝的）。

我如何解释我的忧郁呢？这就是说，我如何能使自己完全不忧郁呢？我所看见的东西真的就完全像你们所看见的那样快意么？还是我非把任何东西都写成快意不可呢？我相信，我是渴求光明甚于一切的，假如看过我的《向太阳》和《火把》的人，他们当会知道，“忧郁”并不曾被我烙上专利的印子。我实在不欢喜“忧郁”啊，愿它早些终结吧！

还有一种比较更严重的意见，说我和民众的接近不够，另外的则说我的诗里知识分子的气味太浓……这些是事实，我愿意领受这聪明的批判。

这一切，对于我都是好的，可贵的。由于他们的出发的善意，我在这里感激他们——虽然他们好像都只是根据我的诗的一部分而下结论。

我相信，这些意见对我的创作多少是有帮助的。

七

我的作品陈列在读者的面前。只有读者是最有权利检阅它们的。也只有作品本身最能说明我的一切——思想、情感、手法、语言等等。

存在于我的诗里的缺点竟如此之多，贤明的读者和权威的批评家们是很容易看得出来的。

《向太阳》是我自己比较欢喜的，当写成快要付印的时候却加进了一节“群众”，这就显得不很调和了，所以单行本里，把“群众”删去了。

《他死在第二次》因为写作的时间很久，时写时辍，所以全诗不能统一，有几段并且连格调也不一致（如“一念”与“挺进”），所以我自己并不欢喜。

《吹号者》是比较完整的，但这好像只是对于“诗人”的一个暗喻，一个对于“诗人”的太理想化了的注解。

《火把》是对于“人群”“动”“光”的形象。当然，这形象必须有思想的内容，有生命。它的思想内容就是“民主主义”。一个友人说，这诗假如在“武汉时代”（指以武汉为抗战中心的时期）写成就好了。这友人大概有些感慨于现状吧？但“民主主义”并没有死啊，反之，它却无限止地在生长啊——

其它的一些政治诗，本来都只是被某些新的现象刺激了随时所发生的一些反射。有人以为我的诗政治性不够。以为我不关心时事。其实我是很关心中国以及世界的时事的变化和发展的，我更以一个中国人民的资格，渴望着中国政治的进步，只是我从来不曾强迫自己为每天的时事，作有韵的报告而已。

八

新的岁月又向我走来，我将以全身激动的热情迎接它，它将载着胜利的冠冕而来。

为了迎接它，我将以更大的创作的雄心来为它谱成新的歌。我将忠实地追踪着它前进。我要以创作作为我的思想的行动，争取自己的预言的实现，证实自己的誓言。

为了胜利，我将更大胆地处理我的人物的命运；为了胜利，我将更无畏地安置为这个时代所不应该隐瞒的语言。

我将学习谦虚，使自己能进步；我将更努力工作，使自己能不惭愧生存在这伟大的时代。

我没有一天不希望自己的作品更充实，使我的声音更广地进入人民的心里；因此，我愿意人家批评，严正的批评，我一定会欢喜而且感激，只要他们的出发点，是为了抗战，为了胜利。

一九四〇年十二月十四日

“七七”抗战五周年纪念

老　舍

因为生活不大安定，时间上精力上都不允许我写长篇小说，所以长篇小说《骆驼祥子》“杀锅”后，就没有较长的小说问世。四年来，剧本倒是写了几个，不是长于写剧，只是抽一点工夫，对付着成篇而已。

颇想以“五个七七”为题，写个五幕剧，一幕写一个七七。但是，故事也许不大容易想出，表现什么也未易决定，至今八字还没有一撇儿。希望能在今年夏天把它写成，假若不成呢，别人取用此题也并不追究“版权所有”。

时代最高的声音

舒　群

一切动人的诗歌
都不能比，
任何最大的诗歌的成功
都比不得这简单的
报上的消息，
假如人们是这样兴奋、哄动。

——马雅可夫斯基

在这里，在太阳最热，街道也最热的中午的寂静里，人们容易睡去。即使天空滚过了巨响的雷声，有谁能够从这舒适的沉睡中醒来呢？这正相似住在海边的渔人，久了，完全习惯了那种波浪的交响乐，再还有什么海上的声音，能够搅扰他们的好梦呢？不过，我们没有睡，睡了的也醒得早，好像被天外什么奇迹惊醒了似的。那不是什么别的，唤起他们的，是这个太清醒的日子“七七”。

向中国人，甚至全世界民主国家的人，都不用解释，谁都知道“七七”，并不是我们神话里传说的牛郎和织女的会期，而是我们历史上撕不掉的纪念日。

作为这纪念日的“主人”的他们，用那鼻尖下留有一块小黑胡子的年青的傀儡天皇的名义，用那可怕的老百姓的血汗，用那自己永无边际的野心，强调着樱花似的“国运昌隆”，而在阿沙尔都和三菱等军火厂造了大批的自己所谓的“神鹫”和“铁的浮城”，在东京帝国印刷厂印好了大批的这样的布告：“大日本军司令官，兹特郑重谕告中华各界民众，惟本军奉行大日本帝国之使命，夙欲确立东亚和平，增进中华民众福祉……”它像廉价的“仁丹”和“味小素”广告似的，在我们的土地上，从“满洲帝国”的边缘的卢沟桥开始招贴起来。随着，土肥原之流的矮东西，也开始了“英雄的事业”，这正像“劝语”所说“内勤于筹划，外劳于攻守，赫赫武功，中外宣扬……汝等军人，深体朕意……”的“违心之论”。随着，我们的土地被占了，财产被抢了，房屋被烧了，妇女被奸淫了，儿童被杀害了；他们因而还渐渐地创造了“三光政策”。我们背负着民族的伤害和侮辱，带着难言的沉痛团结起来了。我们团结着，战斗着，到现在五年了。

为了这，为了战斗下去，为了团结下去——不但团结而抗战，并且团结而建国，为了阵亡将士，我们有些门上飘起了国旗，门边裹好了松树的叶子，门前插了红缨枪，在南门外的广场上，修好了一个作为纪念追悼的会场。从远看，在山顶高耸着的塔影的那边，在光光秃秃的山下，它好像一半巨形的白色花圈，中间插着一片蓝色的大花瓣；一者是悬挂挽联的，用白布围起的墙，一者是蓝布裹成的主席台。这台前，就是广大的广场；昨晚下过一阵雨，把地面打扫得很干净。为了防空，而且在场的四围挖好了一些曲折的沟壕。是的，我们在后方，像在前方一样，一样时时刻刻地准备着迎接战斗。我们不像敌人带着"武运长久"的千人针，或是"大物主命"的护身符。我们所凭依的只有一个——一个意志，一个行动，一个目的——赶走日本帝国主义。建设独立、自由、民主、繁盛的新中国。

天变了，大风把阴云刮过这边来，并且摧毁了我们许多人几乎一天的工作——用白布围起的墙，破落下来；墙上的挽联，有些零碎了，飘过小树林的那边去。是的，它们有一天终归要飘出去，飘向全世界去，尤其是日本工农学校和反战同盟献给中国抗战阵亡将士的一副：

诸君：你们是死了！当和我们日本军队英勇地进行战斗的时候。但是，来和我们作战，并不是我们日本人民的真意。我们是被欺骗、被强制而来的。然而，现在，我们是明白了：中国人民不是日本人民的敌人；相反的，真正的敌人，是日本法西斯！

诸君：你们是死了！为了保卫祖国，为了民族解放。但是，你们的精神还活着，永远地活在继承你们遗业的中国人民里面，活在已经觉醒了的踏着你们道路前进着的我们中间！

并且，他们亲自来了。延安各界都来了。那全副武装的是英勇的战士。他们挺着，胸前挂着饱满的弹带，跑着步，好像听从着毛泽东同志挽联上所说的“为左权同志报仇，为一切死难烈士报仇”而赴战去。那穿着各式各样的衣服和举着相似的红缨枪的，是自卫军。他们——农民的脸上，充满着夏收以后的愉快；他们——工人在兴奋中，已经忘去了刚才劳作的疲倦了……那颜色鲜明的，一面一面旗子周围的，是属于许许多多的机关、学校、工厂和医院的工作人员和学生，他们在严肃的沉默中，带着衷心的哀悼。那穿着白衣和蓝衣的，梳着发饼的妇女们，她们有许多是抗属。她们的丈夫，也许还在前方坚持着抗日根据地，也许为抗日根据地战死了；不管怎样，让她们骄傲吧，因为她们有她们值得骄傲的。那穿红衣、梳小辫的女孩们，还有脸和衣服一样脏的男孩们，从他们随便的跑来跑去和稚气的玩耍里看来，他们懂得的，也许还不多；可是，他们这些工农的后代——革命的后代，慢慢地一定比我们知道得更多，也更明白，明白这是什么日子，明白怎样地追悼，怎样地纪念；那还有比他们更小的婴儿，躺在母亲的怀里，不住地放声大哭；旁边的人也并不对这打搅着听觉的哭声，而表示什么怨言；因为谁都知道，婴儿还不知道什么，也许还不知道自己究竟为什么大哭。可是将来，他一定知道自己究竟为什么大笑呵。

好像只有一刹那间，空闲的广场就变为人的大海了。

听吧，到处都是声音呵。这里是一阵阵的歌声，那里又是一阵阵的跑步声、马蹄声，还有军号声，特别是开会时，从扩音器里传播的响亮的言语，和这响亮的言语所引起的掌声，不断地不停地响着，响得好像声音就是这世界的一切，世界的一切也就是这声音。这声音，是时代最高的声音呵！

这声音，告诉我们：一年，打垮那个泥水匠的儿子——用人家的啤酒瓶子和人家的血而封自己以“日耳曼的元首”的家伙；两年，打垮他的伙伴们——一个一个小狗熊似的“大和的武士”！

路

——作为纪念“七七”六周年

臧克家

中华民族的灵魂快要锈烂了，人心像泥巴一样污垢，沉沦，颓废……

“七七”，一个霹雳投向了整个民族的心窝。

多数的人，失掉了自尊心和自信心，在麻木中混年白头，他们忘记了中国的历史是黄金页子，他们忘记了作为一个中国人的光荣。

“七七”，像一只喇叭，它向这些人吹出了新声。

路子摆在眼前——死和生。多少人急得心头冒火，急得握着拳头乱顿脚；然而口和胸膛上却压着一块沉重的东西。容忍，容忍，容忍到什么时候！

卢沟桥头上，敌人挑衅的第一颗枪弹把假容忍的界限打破了。“七七”，旧生活的末日，新生活的开始。

“七七”这个日子的意义在这里，它叫四万万人成了一个人。兄弟们恩怨的旧账一笔勾销了。我在一首叫做《忧患》的诗的结尾上写道：

心和心紧靠拢，组成力，
促生命再度地向荣。

“七七”这个伟大的日子的意义在这里：它不但扫清了人心上的污沉，它更给中华民族的未来指出了一条路——自由民主的大路。它把一个希望放得很远，这个希望，在每一个中国人的眼里发着金光。如是，人人追着它，把个人的苦难，甚至生命全不放在心上，为一个光明的明天，今天的艰苦算得了什么？为了整个民族的未来，个人的生死又算得了什么？

已经是第七个年头的开始了，路已经走过了险阻的一大段，未来，还需要四万万人手拉手，心靠心，用最大的力量去走完它。

一九四三年七月

“七七”感言

茅　盾

最初，大家心目中的战时生活一定是兴奋、紧张、刻苦、严肃，而且人与人之间也一定更亲切。这一次的战争是我们民族有史以来最伟大的战争，我们历史上找不出一个在规模上、在性质上可以比拟并论的先例，因而当然的，我们的战时生活也理应是史无前例的。

现代战争，一个士兵在前方作战，得有五个人在后方生产，我们军队的装备较差，那么算他至少也该有三个人在后方生产；所以，前方紧张的时候后方要紧张，固不用说，而当前方相持，相当平静的时候，后方还是要那样紧张。这紧张，不但表现在军火、粮食等等的生产上，还应表现在一般的社会的风气，一般人的日常生活中。战时物资大量消耗，而且一切为了前线，所以刻苦是当然的。大敌当前，大家只有一个目的，人与人之间自然倍加亲切。这一些的认识当敌人在卢沟桥射出第一弹的时候，原是大家都已有了的，所以自然而然想到此后的战时生活一定是紧张、刻苦，而且人与人之间更加亲切，并且大家是这样确信的。淞沪会战的三个月，上海市民那种兴奋、那种热烈，至今思之，犹令人鼓舞。记得曾有这样的关于电影院停业的意见：后方人民应该无此闲逸心情去看电影，但前方将士应当有娱乐，电影须到前方去演映给士兵看。这话，看似太偏激，可实在是那时热情喷涌的一般人的想法。一般人即使在疲倦之时亦愿有娱乐来调剂，但感情上已经得在“大光明”的软椅上看那时的好莱坞片子实在不是那么一回味儿了。

自然，那时候上海市民那种紧张的生活和兴奋的情绪，希望它会普遍于后方一切城市，也许是过高的要求，而且人到底是人，战争长期化以后，人的神经可不能老是这样兴奋紧张，那会受不住的。所以后来后方各城市一些娱乐设备也逐渐恢复了。但无论如何，紧张、严肃、刻苦、亲切，总该是战时生活的原则。

现在抗战进入了第七个年头。严格地守着这战时生活原则的，自然是大多数的人民，可是毋庸讳言，那股劲儿是差了，自发的精神是差了，至于都市中一般的“太平”空气，则毋庸讳言，离开战时生活的原则相当远。因为生活费用一天一天高，大多数人为了生活，心情是“紧张”的，也不能不“刻苦”了，然而严肃热烈的劲儿是不够了；后方的脉搏也还跟着前方跳动，但动态是不同了：前方紧张，后方恐慌；前方平静，后方松弛。另外又加一点幻想：现在是有英美盟邦一同作战，所以最后胜利可坐而待之。还一种相当普遍的松懈和廉价的“乐观”，在目前即使还未到很严重的程度，至少是天天在增加其严重性的。

在社会的中上层，另一种心情也时时有之。因为看的方面广，看得深，知道在最后胜利未到以前，我们还有许多困难要待克服，还有许多新的困难随时会产生，千头万绪，好像不可爬梳似的，知道英美盟邦对于日寇还不能立刻发动巨大的攻势，敌人的强大压力还只是我们一肩担承；于是而焦灼，甚或苦闷，这一种心情，在社会中间阶段的知识分子或事业界，恐怕最易滋生。我们夸大了来看，固然不对，但也不应无视。今年春间有一位朋友从上海来，他刚来的时候，虽认为两年之内抗战可以结束，但过了一个春天，他的看法就从两年而至三五年，并且他那股劲儿差了许多。这又是上述两种心情先后见于一身，这虽然未可执以概括，但也值得我们研究而深思的罢？

然而这一些，应该是早在意料之中。我们没有理由悲观。在长期战争中，民族经受着空前的锻炼，如果始终没有那样的心情上的波动，那是太理想的事。民族的潜力是伟大的，我们已经度过了艰难困苦的六年，便一定也能度过同样或更艰难困苦的以后的若干年。只有一点必须要做：正视现实，不馁不矜，紧张，严肃，刻苦——再加上热烈，鼓舞人心，提高情绪。我们要用笔用舌把战争初年的兴奋亢扬的热情再度在广大的国土上燃烧起来！六年以前，我们怀着一个进入新时代的庄严而快乐的心情，接受了抗战的炮火，现在我们则以百倍庄严而快乐的心情，再加以百倍的黾勉惕厉，来迎受这新时代诞生前的阵痛，用我们坚决的意志，火炽的感情，迎头击退那些松懈、萎靡、消沉、奢侈的不祥之风！

一九四三年六月廿四日

“七七”感言

许地山

欧洲有些自然科学家，以为战争是大自然的镰刀，用来修削人类中的枯枝败叶的。我不知道这话的真实程度有多高，我所知的是在人类还未达到“真人类”的阶段，战争是不能避免的。这所谓“真人类”，并非古生物学的，而是文化的。文化的真人是于物无贪求，于人无争持的。因为生物的人还没进化到文化的人，所以他的行为，有时还离不开畜道。在畜道上才有战争，在人道与畜道相遇时也有战争。畜生们为争一只腐鼠，也可以互相残啮到膏滴血流，同样地，它们也可以侵犯人。它们是不可以理喻的。在人道的立脚点上说，凡用非理的暴力来侵害他人的，如理论道绝的期候，当以暴力去制止它，使畜道不能在光天化日之下猖獗起来。

说了一大套好像不着边际的话，作者到底是何所感而言呢？他觉得许多动物虽名为人，而具有牛头马面、狼心狗肺的太多，严格说起来还不能算是人，因此联想到畜道在人间的传染。童话里的“熊人”“虎姑”“狐狸精”，不过是“畜人”。至于“人狼”“人狗”“人猫”“人马”，这简直是“人畜”。这两周年的御日工作也许会成将来很好的童话资料，我们理会暴日虽戴着“王道”的面具，在表演时却具足了畜道的特征。我们不可不知在我们中间也有许多堕在畜道上。此中最多的是“狗”和“猫”。我们中间的“人狗”“人猫”，最可恶的有吠家狗与引盗狗，饕餮猫与懒惰猫。两年间的御日工作可以说对得人住，对得祖宗天地住，但是对于打狗轰猫这种清理家内的工作却令人有点不满意。

在御 × 工作吃紧的期间，忽然从最神圣的中枢里发出类乎向 × 乞怜的狺声，或不站在自己的岗位，而去指东摘西的，是吠家狗。甘心引狼入宅，吞噬家人的是引盗狗。我们若看见海港里运来一切御 × 时期所不需的货物，尤其是从“× × 船”来的，与大批的原料运到东洋大海去，便知道那是不顾群众利益，只求个人富裕的饕餮猫的所行。用公款做投机事业，对于国家购入的品物抽取回扣，或以劣替优，以贱充贵，也是饕餮猫的行径。具有特殊才干，在国家需要他的时候，却闭着眼，抚着耳，远远地躲在安全地带，那就是懒惰猫。这些人狗、人猫，多如牛毛，我们若不把它们除掉，就不能脱离畜道在家里横行，虽有英勇的国士在疆场上与狼奋斗着，也不能令人不起功微事繁的感想。所以我们要加紧做打狗轰猫的工作。

又有些人以为民众知识缺乏，所以很容易变成迷途的羔羊，而为猫狗甚至为狼所利用。可是知识是不能绝对克服意志的，我们所怕的是意志薄弱易陷于悲观的迷途的牧者。在危难期间，没有迷途的羔羊，有的是迷途的牧者。我的意思不是鼓励舍弃知识，乃是要指出意志要放在知识之上，无论成败如何，当以正义的扶持为准绳，以人道的出现为极则。人人应成为超越的男女，而非卑劣的羔羊。人人在力量上能自救，在知识上能自存，在意志上能自决，然后配称为轩辕的子孙。这样我们还得做许多积极工作。一方面要摧毁败群的猫狗，一方面要扶植有为的男女，使他们成为优越的人类。非得如此，不能自卫，也不能救人，不配自卫，也不配救人。所以此后我们一部分的精神应贯注在整理内部，使我们的威力更加充实。那么，就使那些比狼百倍厉害的野兽来侵犯我们，我们也可以应付得来。为人道努力的人们，我们应当在各方面加紧工作，才不辜负两年来为这共同理想而牺牲的将士和民众。

“七七”抗战七周年致敌占区同胞书

周　文

敌占区的同胞们!

祖国的英勇抗战，已经七年了。在这七年当中，敌占区同胞们受尽了日寇的压迫、掠夺、奴役、屠杀，过着牛马不如的生活。本社同人谨向你们致亲切的慰问，并对你们反抗日寇的一切行动，表示崇高的敬意。

祖国抗战的七年，是艰苦卓绝日益坚强的七年。由于全国人民一心一德，共产党坚持团结抗战，八路军新四军坚决和人民团结，越打越强，根据地越打越多，把日本鬼子打得焦头烂额，疲于奔命，天天吃败仗，因此胜利地渡过了七年。现在国际形势空前有利，反攻阶段更加接近，胜利的曙光已经看得很清楚了。

首先，我们看看国际形势吧。日寇的盗伙德国法西斯，自从在斯大林格勒惨败，一直遭到强大无比红军的反攻，弄得丢盔撩甲，连连溃退。那真是兵败如山崩，在南边就直滚出苏联国境，已成了个半死老虎。现在英美盟国开辟了第二战场，苏联红军又在北线和中线，开展了空前的大攻势，在意大利的盟军，也节节推进，这样，从东西南三面铁桶似的围攻德寇，不出今冬或明春，一定把希特勒最后消灭。而目前的太平洋战争，英美盟军虽然还不是主力进攻，但攻势也很厉害，正在进攻日寇的内防线。盟机由中国起飞，轰炸日本本土和敌占区，也已开始了。等到把希特勒消灭时，英美就可把全部力量调过来，那时我们就配合盟国反攻，日寇的死亡日子就到了。

日寇也很知道它的命运，因此拚命挣扎，趁欧洲打得正紧的时候，就在中国发动正面战场的进攻，以挽救它的死亡。但国民党当局，几年来实行反共反人民的错误政策，不发动抗战力量，因此使敌人得以逞凶，占了洛阳长沙，向潼关进攻。但这也丝毫改变不了它死亡的命运。因为自从武汉失守以来，国民党的正面战场，一贯就是退却和观战，只有共产党所领导的敌后战场在进攻。八路军新四军抗击了敌伪兵力总数的四分之三，粉碎了敌人无数次的“扫荡”和“蚕食”；日寇屡次对国民党的诱降阴谋，也被打得粉碎；许多伪军伪组织人员，也受共产党八路军新四军的胜利和正确政策所感召，深悔陷身敌阵，连年反正抗日者络绎不绝，因此，使敌人更加陷入四面楚歌。敌后战场实际早已成为抗战的主要力量。何况今天这力量更壮大了：有八十万共产党员，有四十七万精锐主力军，有二百万民兵，有八千万被解放了的居民，有许多抗日根据地，特别是有毛主席的英明领导。再加上全国人民的抗战力量和空前有利的国际形势，不管日寇如何死命挣扎，只要反攻时机一到，我们是一定能够打败日寇的。即使国民党当局仍不愿改变其错误政策，在军事上仍表现其腐朽无能，我们也仍有办法打退日寇，直到将来配合盟国反攻。祖国一定能够解放！敌占区同胞一定能够解放！

敌占区同胞们！要认清胜利前途，加强胜利信心，加紧反对敌人的一切奴役、掠夺。

一、要粉碎敌人的欺骗宣传。例如敌伪最近宣传说："失败，则日本固灭亡，而中国也不能幸免。"这完全是拿它的死来恐吓人，真是无耻到了极点！至于说对正面战场的进攻是日寇的"实力雄厚"，这也同样是鬼话。我们要认定狗口里决不会吐出象牙来，要坚决不信敌人的一切鬼话，而且要随时随地加以驳斥。

二、不给敌人抢去一颗粮，不给敌人"劳动服务"，反对敌食粮公社的"低价收卖"粮食，反对伪政府的抽"税"，反对伪合作社的搜括，反对借口乌有事端，克扣和停发"配给粮"。总之，要以一切可能办法，逃避敌人加于你们的各种"负担"、掠夺。

三、要用一切办法，发展抗日力量，保存元气。不让敌人拉去壮丁，不要被弄去参加侵略战争，或到南洋去送死！将你们的儿子、丈夫、兄弟，从伪军、伪组织、伪警备队和宪兵中召回来！不让敌人引诱青年堕落和不务正业。同胞们如果在敌占区无法生存，可以来根据地，祖国欢迎你们，抗日政府负责帮助你们安家，解决困难。

总括一句，当前敌占区同胞的任务，就是要积蓄力量，准备反攻时和敌人算总账。现在和敌人进行各种斗争，就要采取各种各样巧妙的方法。一定要注意积蓄力量，坚强地团结在共产党八路军的周围，在将来反攻时，举行武装起义，配合八路军驱逐日寇出中国。

最后，我们对伪军伪组织人员，附带在这里说几句：你们要认清，祖国是一定要胜利的，而且胜利已经不远了！今天正是赶快表示态度的时候！你们过去误入歧途或被迫失身，只要今天及早回头抗日，将功折罪，抗日政府决不咎既往，而且还有你的前途。即或一时未能脱身，可以秘密和八路军取得联系，暗中帮助抗日，多方爱护敌占区受灾难的同胞，只要有一点功劳，祖国都会知道。如果死心踏地，坚决附敌，为虎作伥，将来反攻时，国法所在，决不宽容，现在时机迫切，应该是当机立断的时候了！

祖国呼声社　1944 年 7 月

“七七”七周年随笔

叶圣陶

最近接到一位朋友来信，说“大局远看则无处不好，近看则看着可虑”。这个话很有意思。盟国必然胜利，日本必然垮台，不但盟国方面知道，就是东条也心中有数。侵略主义打倒而后，国际间相与相处虽然未必全如理想，至少不会走上第一次世界大战后的老路，这是所谓远看则无处不好。可是就目前而言，中原大块地方新近沦陷，湘粤战事正在紧急阶段，这还不算顶重要，胜败原是兵家常事，决胜须看最后五分钟；顶关重要的还是在人的态度和习惯方面。

“七七”以后的一二十天间，很有些感慨，曾经作一首《木兰花》，前半道：“落红已看成泥泞，陌上依然风力劲。一天飞絮意如痴，终日驰车何所骋。”后来“八一三”战事继起，感慨消释，就觉得抱歉，我的话似乎冤枉了人家。但是在七年后的今天，又觉得我的旧句子还用得着。一切不好的现象我也不愿说，说起来迹近暴露，触犯时忌，没有什么意思。笼统一句话，如今明明有个共同的总目标，达到这个目标不在于朝一席谈话、夜一席谈话，不在于横一篇文字、竖一篇文章，必须人的态度和习惯彻底改变，昨死今生，大家革自己的命，才有可能；而多数人的态度和习惯，似乎越来越不对了，不但新机不见，而且旧染更深，岂不大大地可虑？

说可虑不就是悲观。这并非强嘴，是事实上不需要悲观。经过一回战争，谁都得脱一层皮，换一副心眼儿。这番功夫大家自己来，省麻烦，节约人力，自然最好。自己来不成，可是现实的鞭子拍拍地抽下来，逼得你不得不勉强对付，那就差多了。至于勉强对付也办不了的，将会在现实面前倒下，像雪人遇着了阳光。倒下来的越多，麻烦也越多，人力越浪费。然而就整体看起来，脱了一层皮，换了一副心眼儿的人站住了，自然是进步。这又何所用其悲观。

我一向相信多言无益，对于近时，尤其觉得言谈太多，实效太少；现在写些零星想头登在报上，实在没有多大意义。只因编辑先生再三嘱咐，不好违命，就勉强写了。

1944 年 7 月 4 日作

“七七”怀友

老 舍

有许多朋友现在还在北平受苦。这些人之中，有的是因为听到卢沟桥的炮声，而以为事情必不会恶化，所以就不慌不忙，不作出走之计。及至北平陷落，他们还以为不久就能转危为安，依然不肯走动，等到战事延续下去，他们想走也走不脱了，于是低首为顺民。这类朋友吃了因循的亏。因循出于对国事的冷淡。他们不是不爱国，可是对国事总不愿抢在前面去。不在其位，不谋其政，使他们失去热烈与勇敢。他们今天必定很后悔，但已悔之晚矣。有一个因循的人，就多了一个顺民。今天在后方的茶馆、酒肆里，我依然看得到莫谈国事的红纸条。这可也就难怪大家不能不因循了，悲哉!

有的朋友，我知道，完全是因为家庭之累，不敢躁脚走出北平。这个，使我深憎大家庭制度。挣钱的少，吃饭的多，于是老弱寄生，而壮者屈膝。家庭把好人，有用的人，拴在了敌人的屠案前，静候宰割。

有的朋友是因为爱恋北平，不肯挪动，北平是地上的乐园，虽然变成地狱，他们也仍旧不忍离开。文化是可怕的东西，假若他是过熟了的。过熟了的文化使人沉溺，忘去个人生活起居以外的大事。这很可怕，穿长衫，摇绢扇，走慢步，来往于公园与琉璃厂之间者，也许是学者或艺术家。但是，他们因为生活的趣味而忘了亡国之耻。这真可惜，也可恨！

有的人是故意留在北平，便得到升官的机会。他们看准了作官增光耀祖的事，只要高升，便应得意，不管赐给他们的官职的是猫是狗。“官”迷了他们的心窍。有这样迷了心窍的官，敌人才能任意宰割老百姓。此“官”之所以极可怕也。

“七七”又到，颇忆故人。我想念他们，怜悯他们，也不能不憎恶他们。只盼哪，这一代的青年，别再走那条老路吧！

“七七”第一周年在武汉

郭沫若

“七七”第一周年在武汉的时候，应该是抗战期中的最高潮的时期。那个时期是最值得纪念的。然而我的记忆已经模糊了。

那时候也是文化人所集中着的第三厅的全盛时期，蒋介石发了一万五千元的特别费给第三厅，要第三厅负责主持，开一个大规模的纪念大会。大会似乎连续了三天，阳翰笙、张季龙、田寿昌、洪浅哉及其他列列诸兄，集中了精力来从事筹备、布置、推动，的确是纪念得轰轰烈烈的。

一切计划都是三厅同人们拟就的，其中有一项是慰劳献金，在汉口设献金台三座，武昌、汉阳各一座，此外还有几座流动献金台，是利用卡车的装置，向武汉三镇流动劝募的。当这项计划，由我向当时的政治部部长陈诚当面提出的时候，陈诚坚决认为是毫无把握的办法，他要我们中止这项献金的节目。但已经是纪念的前夜，一切计划都已经公布出去，各处的献金台也都已经搭盖好了，要中止实在是不可能的。陈诚于是为了免得一无所获的难看，他批发了一万元交由政治部职员及干训团团员，集体献金以示表率。这用意固然是很周到的，然而等到献金一旦实际开始的时候，一切的情形完全打破了我们的预测。

踊跃啊！踊跃！外币、法币、银货、铜货、汇票、支票、金表、银表、白金戒指、黄金戒指、金耳环、银耳环、金手镯、银手镯、银盾、银杯、银壶、衣履、物品……如像潮水一样涌到献金台。黄包车夫、码头工人、街头的流浪儿、乞丐，都尽力地奔走呼号，不仅自己捐献，并劝别人捐献。捐献的数目积少成多，反而是这些所谓下层的民众，在总的数目中占了较大的百分比。总数在一百三十万以上，这在当时是很大的一个数目，实实在在地完全为我们始料所未及。

就经过了这一次的献金运动，便有了慰劳总会的组织出现。这个会在抗战初期做了不少的工作。发动有组织性的慰劳团向南北各战场劳军，大规模地自香港采办药品及交通工具，作为慰劳品及送达慰劳品之用，以仅少的费用做了相当多的事情，对于那些踊跃捐献的同胞们，可以说没有辜负他们的厚谊。

像这样的献金的办法，日后沿以为例，在各种各样的机会由不同的机关不断地进行过，但出于半强迫性质的多，像“七七”第一周年那样的自发性的踊跃，似乎也就没有再见过了。

在这项事件中，我认识了人民的力量，我也认识了人民的认识。好些不相信人民的人，以为人民是不识不知的乌合之众，不能有什么了解和作为，那正足以证明事实适得其反。不相信人民的人对于人民的看法，自然也不算错——因为他们所见到的是人民的冷淡和对于他们的不合作。这适足以证明人民是有甚深刻的了解和机敏的作为。

近来我听见从武汉来的朋友说，武汉就跟死了的一样。我并不因此而悲观，武汉之死倒足以证明武汉人民是活着的。

1946 年 7 月 1 日

纪念“七七”节

郑振铎

“七七”卢沟桥事变，燃起了神圣的抗战的火把。二十九军壮士们的血与肉，屹立如长城，播下了后来八年间仁人志士们的流尽了汗与血与泪的斗争的种子。在这抗战八年之间，举国人民们，不问党派，不论政见，不分地域，无不站了起来，像一个巨大无匹的巨人似的，以血与肉，和最顽强的敌人们拚，和敌人们的最新式的武器，飞机、坦克车、大炮拚。四万万五千万人，只有一条心，只有一个愿望，只有一个决定：为祖国的光荣、独立与自由而战，宁为玉碎，不为瓦全。

军士们以血与肉，筑成了新的长城；前仆后继，视死如归。以拙劣之军备，挡新锐之坚兵。上海之役，我官兵有进无退，壮烈牺牲者十数万人。一队队、一营营的官兵们向前进了，却从不曾归来过。耐着轰炸，忍着排炮的排山倒海之攻打，以手榴弹抵御坦克车，站在近腰的污水中作战，整连整营的人，被埋在土中，然而不退后一步。有死将军，无降将军。这是烈士血！这是民族魂！这是泣鬼神、惊天地的一场大血战，为中华民族生死存亡而抗争的大争斗！

此后，徐州大会战、台儿庄大捷、中原血战、长沙大战、衡阳大战、桂柳大反攻、缅甸大反攻，以及无量数次的敌前敌后的游击战，无不是以士兵们和人民们的血肉来和敌人们的装甲部队拚的。我们在八年抗战之中，到底伤亡了多少士兵们，至今日还不曾有精密的统计发表。至于人民们的被屠杀，被炸死，以及死于流离迁徙，死于饥饿疾病的，则更无法统计了。

举国的人民们，在这八年的抗战之中，咬紧了牙根，流尽了血与汗与泪，吃尽了从来不曾吃过的苦头，有的毅然不顾的舍弃了温暖的家，百年相守的田地和老屋，扶老携少地辗转西迁，受尽了风雨飘零、日炙露宿之苦，逃到了一处，又奔到别一处；有的忍受着敌机的无人道的轰炸，举家牺牲，或只剩下数人；有的在拉锯战中，家产荡然无余，古屋尽成焦土；有的苟存偷活于敌人的后方，受尽了剥削，压迫之惨，忍死求生，等候天亮；男的被屠、被杀；女的惨遭奸淫，也只圆睁着双眼，握紧了拳头，以待报仇，以求最后胜利的到来。

举国的技术人员们、教员学生们，为了正义，为了抗战，无不千辛万苦，向西迁移。他们有的步行万里；有的一迁再迁三迁；有的随带着极少数的研究工具；有的随军转移，做着最艰苦的工程。他们在轰炸之下工作，在轰炸之下研究，在轰炸之下读书；炮声四起而弦歌不辍。有的来不及早日西迁的，便也冒着万险，从敌后千方百计地潜入大后方；有的中途失踪了；有的被捕；有的被杀；有的受了毒刑恶打。但为了要为祖国效力，要为抗战尽心尽力，他们忍受了一切痛苦，哼都不哼一声。

举国的文人们和艺术家们不甘为奴为隶，应着祖国的呼唤，也莫不尽先西上，到处建立着文化站，做着鼓励民众、慰劳军士、服务国家的工作。一个文化站被敌人毁坏了，他们再建立起两个三个文化站来。尽管物质条件不好，纸张没有，印刷困难，他们还是不息不懈地写作着，工作着。他们在贫与病中挣扎着。他们从这个前线到那个前线，冒着万险，为军人们而服务。他们在炮声中歌唱，在敌机轰炸下演剧，在菜油灯下写文章。他们忍受了一切痛苦，一切为了祖国的光荣、独立与自由。

举国的工厂的工人们和工业家们，不甘为敌人们利用，不甘在敌后工作着，便想尽了方法，将工厂西迁；不顾运输的万分困难，不顾敌人的劫掠与阻挡，不顾道路的艰远，终于完成了西迁的大业。有的建厂刚成，而复受敌迫；有的规模已具，而大敌复临；有的开工未久，而敌机又来轰炸。辛苦的迁徙，每每毁于一旦。然而他们有过人的毅力，有为国服务的决心，意志坚强，百折不回。一切的困苦艰难，俱不足以灰他们的心，坠他们的意志。为了祖国的光荣和独立、自由，他们已尽了他们那一份力量。

无数在敌人后方的地下工作者们，以必死的决心，做着破坏的工作，做着情报，潜入敌中，维持着与大后方的联络。被破获了，被逮捕了，吃尽了鞭打、电刑、灌水种种非人的酷刑，而甘之如饴，一声不响，宁愿牺牲了一人，而不肯牺牲了同志们。那份勇气，那份意志，是属于超人以上的。还有年高德劭的仁人志士们，隐居敌后，屹立如山，受诱受迫，举不为动；忍饥受冻，视为常事，维持着民族的气节，俨然成为敌后的人民们的信仰的中心。这些人们，为了祖国的光荣和独立、自由，视死如归，采薇自甘。

举国的军民们，不问党派，不论政见，不分地域，流尽了血与汗与泪，经过了八年的抗战，到了去年的八月十日，终于赢得了最后的胜利，重见祖国的复兴，祖国的更灿烂的光荣。

死者为不徒死，生者在欢跃。

这胜利与光荣是属于一切在抗日队伍里的官兵们的！

这胜利与光荣是属于一切为祖国的光荣与独立、自由而争斗着的各党各派以及举国的人民们的！

这胜利与光荣是属于全国的西迁的学校员生们和无数技术人员们的!

这胜利与光荣是属于全国为抗战而工作着的文人们和艺术家们的!

这胜利和光荣是属于举国西迁的工厂的工人们和工业家们的!

这胜利和光荣是属于在敌后工作的勇士们和坚贞不拔的仁人志士们的!

在这胜利后第一届的"七七"节,我们肃立向他们致敬!

我们首先要向死者们致敬,并告慰:你们可以瞑目了;祖国的光荣的抗战,已经得到了最后的胜利了;最顽强的敌人们已经被打倒而屈膝了。

我们哀悼死者们,哀悼一切为祖国而牺牲的无数无名的英雄们和仁人志士们!是他们的血和肉使祖国终于得到了光荣和独立、自由。

他们是永远不朽的!在这伟大的历史时期,他们的成仁是应该大书特书的。他们的不朽的故事将成为无数年代的咏歌之资。他们为了反抗日本的法西斯的帝国主义而死;为了祖国独立、自由而死。今日日本的法西斯的帝国主义已被打倒,祖国已经是光荣的独立、自由的"五强"之一,他们的死是不徒死的!

但我们在这痛定思痛的时候，我们不能不想“七七”事变的所以发生之原因，我们生者们还不能苟安，松懈下去，我们有更重大的责任在肩上。

我们还要告诉死者们：我们的抗战时期，虽已经过去，但和平建国的责任却方在开始。我们不能不负担这和平建国的责任；我们不能叫死者们的血白流。他们如果不见到和平、民主的中国的进展，他们的目还是不能瞑的。

中国的建国道路还只走了一半。死者们做到了抗战救国的一段大业，生者们却要做着和平建国后半段的事业。而这事业却也并不是怎么容易达到的。

世界法西斯的余孽，还没有扑灭净尽，还在俟隙乘虚地待机而动。中国的建国工作还是一团糟。国内的和平还没有完全达到。世界和平，中国内战。死者们能够瞑目安心么?

我们要不使死者们的血白流，要不使死者们的牺牲为徒然的，我们生者们便应该更坚决、更勇敢地为和平建国而奋斗。

中国必须是一个和平、强盛、伟大、繁荣的国家；中国必须是一个名副其实的民主、自由的国家。惟其要和平、强盛、伟大、繁荣，所以必须要民主；惟有民主的国家才能臻于和平、强盛、伟大、繁荣之境。

我们的工作是艰巨的，其艰巨正不下于抗战。我们要建设，要和平，要民主，要自由；我们要继续不断地和反民主、反和平的顽固者们争斗、争斗、争斗，直到得到胜利为止。

我们明白，中国正在饥馑的威胁中；湖南、广东数百万人民正在挨饿，多数已经饿死。为什么胜利后的中国，还有大批人们在挨饿呢？为什么战败的日本和德国并没有饥馑的威胁而中国反有之呢？这不是因为国内还没有和平之故么？

我们也明白，中国的经济正在崩溃中；出口无望，而外货则源源涌进，门户洞开，航权关权旁落，一不省慎，将更有沦于次殖民地的危险。为什么战胜了之后，反倒发生这种可怕的现象呢？这还不是因为经济不民主，官僚资本家和买办资本家勾结着把持国柄、操纵国策之故么？

我们也明白，贪污遍地，文官武吏，任性剥削平民；大至都市，小至村庄，哪一处不闻愁叹之声，不见愤郁之色。纲纪全无，廉耻丧尽。打风之炽，亘古无两。为什么去了敌人的压迫，又来了家贼的纵横不法呢？这还不是因为政治不民主之故么？

百孔千疮，东扶西倒。胜利来临的时候欢跃的心情，一变而为愁眉百结，怨声载道。找到了那个原因没有？和平，和平！民主，民主！为了不能和平，未臻民主，所以有此种种的病态恶相，一旦国内和平，政治民主，则必将天朗气清，一扫今日之阴霾的。所以，我们生者们知道将怎样努力奋斗以求中国和平、民主的实现。

当此“七七”大祭，既念死者们牺牲的壮烈，胜利之非幸致，复念生者们工作之艰巨，和平建国之难于一举而成，四顾茫茫，百感交集，爰草此文，以献于死难者之灵，且以励生者之强健不息！

"七七"事变以后的南京

游　龙

一九三七年秋天，南京笼罩着浓厚的战争气氛，爱国青年纷纷要求参加抗战。记得当时有一所私立京华中学，不知在哪一天已变成红十字会，招募去抗日前线做战地救护工作的爱国同胞。这所处在偏静小巷里的学校，如今成了人来人往的热闹场所。这里有大学生、中学生以及其他各方面的年轻人。他们既不是同学，也不是同事，为了共同的目标汇集在一起，我也就是在这里认识了一些和我差不多年龄的青年朋友，大家一心想着能够早日奔赴抗日前线。但就在全国人民掀起抗日浪潮的时候，南京居然发生了这样一件事：一天，一辆坐着日本人的小汽车，在一家酒楼门前停下，车里走出一个衣着华丽的日本女人和两个穿西服的日本男人。一位拉黄包车的工人在旁边站了一站，竟惹恼了一个着西服的日本人，他野兽般地怒吼，挥起文明棍狠狠抽打这个黄包车工人。一旁的警察，眼睁睁看着自己的同胞遭受毒打，竟不敢吭气。当这个黄包车工人要反抗时，倒被警察拦阻了，让日本人趾高气扬地登上了酒楼。日本侵略者在中国的土地上如此横行霸道，真是令人发指！

但是，抗日的怒火在南京人民的胸中燃烧。“七七”抗战爆发不久，南京就传闻要演出话剧《卢沟桥》，说是由田汉赶写出来的，并且要在四家主要戏院演出，每家各演一场。消息传出后，南京人民受到很大鼓舞。首场演出是在当时的大华戏院，演出时间虽然还没有到，观众不顾炎热的天气，却已早早地等候在戏院门口了。人越来越多，把地处南京中心区的新街口围得水泄不通，交通阻塞。人们的眼睛一齐盯着戏院大门，可大门只是默默地紧闭着。演出时间已经到了，焦急的观众叫喊着要求开门，大门仍然紧闭着。演出时间超过了五分钟，超过了十分钟，戏院大门也没有开一条缝，拥挤的人群中有些人发出责问，挤在前面的观众还向着门里的人交涉着什么。忽然，一个气愤的声音嚷着：“什么？有日本人捣乱？”一下子引起人群的骚动，要求开门声更加强烈。我夹在人群中，发现一个圆脸的中年人，他用手扒开两旁拥挤的人，急匆匆挤上戏院门前的台阶。人群中有人喊道：“洪深！这个戏就是他导演的。”就是这位著名的戏剧家洪深，愤怒地对大家说：“同胞们，今天我们演出的

《卢沟桥》这个戏，是宣传抗日的，演出时间已经过去了，戏院不肯开门，为什么呢？说是上面通知，曾有四个带着手榴弹的日本人扬言，如果演出的话，他们就要进来捣乱。所以不开门，不演出了。请问，堂堂的首都，对这四个日本人就这样害怕吗？今天我们有这么多的同胞，你们说，怕不怕？”他简短有力、激动人心的号召，立即在人群中得到雷鸣般的响应：“不怕！”激怒了的观众，随着强烈要求开门的责令声向戏院大门冲击着。也许慑于观众的压力，大门打开了，观众潮水般地拥了进去，演出顺利地进行着。此后连续演出了三场，十分顺利，从未见到有什么日本人敢来捣乱。大家见到的，是国民党得了恐“日”病。

时间过去45年了，但南京城和南京人民留给我的印象，依然是那样深刻。我也就是在那年的秋末，同一批男女青年学生一起，离开了我生活多年的南京。不久辗转到了南昌。我们中的大多数人于一九三七年初冬参加了新四军，加入了中国人民抗日的队伍。

一九八二年七月十日

回忆“七七”

冰　心

一九三七年六月底，我同我的老伴吴文藻在欧美周游了一年之后，取道西伯利亚回国。一个星期之后，“七七”事变便爆发了！我在四十年代初在云南呈贡写的《默庐试笔》中，有这样的记述：

“北平死去了，我至爱苦恋的北平，在不挣扎不抵抗之后，继续呻吟了几声，便恹然地死去了！

“七月二十八早晨，十六架日机，在晨光熹微中悠悠地低飞而来，投了三十二颗炸弹，只炸得西苑一座空营——但一声巨响，震得一切都变了颜色。海淀被砍死了几个警察，第二天警察都换了黑色的制服，因为穿黄制服的人，都被当做了散兵、游击队，有被砍死刺死的危险。

“四野的炮声枪声，由繁而稀，由近而远，声音也死去了！

“五光十色的旗帜都高高地悬起了：日本旗、意大利旗、美国旗、英国旗、黄卐字旗、红十字旗……只看不见了中国国旗！

“西直门楼上，穿着深黄色军服的日兵，箕踞在雉堞上，倚着枪，咧着厚厚的嘴唇，露着不整齐的牙齿，下视狂笑。

“街道上死一般地静寂，只三三两两褴褛趑趄的人们，在仰着首围读着香月入城司令的通告。

“晴空下的天安门，饱看过千万青年摇旗呐喊，高呼‘打倒日本帝国主义’的，如今只镇定地在看一队一队零落的中小学生的行列。他们拖着太阳旗、五色旗，红着眼、低着头，来‘庆祝’保定陷落、南京陷落……后面有日本的机关枪队紧紧地跟随监视着。

“日本的游历团一船一船一车一车地从神户、横滨运来。挂着旗号的大汽车，在景山路、东长安街横冲直撞地飞走。东兴楼、东来顺都挂起日文的招牌，欢迎远客。

“在故宫、北海、颐和园，都看不见一个穿长褂或西服的中国人，只听见橐橐的军靴声、木履声。穿长褂和西服的中国人都羞得藏起来，恨得溜走了。

“街市忽然繁荣起来了，尤其是米市大街、王府井大街，店面上安起了木门，挂上了布帘，无线电里在广播着‘友邦’的音乐。

“我想起东京、神户，我想起大连、沈阳……北京也跟着大连、沈阳死去了，一个女神王后般美丽庄严的城市，在蹂躏侮辱之下，恹然地死去了。

“我恨这美丽庄严的皮囊躯壳！我走，我回顾这尊严美丽、瞠目瞪视的皮囊，没有一星点留恋，在那高山丛林中，我仰首看到了一幅飘扬的旗帜。我站在旗影下，我走，我要走到天之涯、地之角，抖拂身上的怨尘恨土，深深地呼吸一下兴奋新鲜的空气；我再走，我要掮着这幅旗帜，来招集一星星的庄严美丽的灵魂杀入那美丽尊严的躯壳！”

当然，个人没有能力来招集那“一星星美丽庄严的灵魂”。真是做到这一点的是由工人、农民、知识分子……千千万万中国人民组成的中国共产党，没有中国共产党就撵不走日本军国主义者，报不了中国人民的深仇大恨，建立不了一个中华人民共和国！

写到此我喘了一口气，可以停笔了，但我意犹未尽！在一九四五年八月十四日日本军国主义者宣布无条件投降之后，一九四六年冬天，我就有机会到了战败后的日本，我在一九三六年赴欧之前经过日本时所看到的那一段从横滨到东京的繁华街道，却已被炸成一片废墟！我到了东京，来看我的日本朋友，个个都是衣衫褴褛，形容枯槁，这时我才体会到受着日本军国主义者的祸害的，不但有中国人、东南亚人，还有日本人！从那时起我在日本住了五年，我认识了一些知识分子、工人、农民的朋友。一九五一年回国后，我又参加了中日友好工作，多次访问日本。日本成了我们的友好邻邦，同时我也注意到，战后的四十年中，日本的进步真快！聪明勇敢的日本人民又把日本建设成为一个经济大国！

在同样的四十年中，我们中国因为有了“十年浩劫”和其他种种原因，学术没有受到应有的重视，在科学技术上我们和日本还有不小的距离。但我近来在报纸刊物的报道上，高兴地看到一些科技上的创造和发明，这是很使人振奋的！我忽然想起两句昔人的诗：

文章巨蟹横行日，
世界群龙见首时。

难以忘却的创痛

徐铸成

1987年年初，在民主同盟全国代表会议正在进行之际，我抽暇在我长孙的搀扶下，去到卢沟桥作一番凭吊。那时，正下着鹅毛大雪，低沉的天空，车子两旁所见，是白茫茫一片，在江南久住的人，已多年未见这样白皑皑的冬景了。

在桥边“卢沟晓月”亭前下车，孙儿给我照了一张像，留作“八年抗战”开始地的纪念。

卢沟桥正在翻修中，两边的石栏、石柱大半已卸下整缮，看到已修好的石狮，个个神态各异而栩栩如生。难怪《四世同堂》里的祁老太爷，曾嘟囔着说，他们要爱这些石狮子，明火执仗抢去好了，何必这样大动干戈?

桥面到处是翻起的石条、石块，阻止通行；我从桥边看去，雪正下得猛，看不清尽头。

折往参观附近的宛平县旧址，那里也在修缮中。看这个弹丸小城，城墙上子弹痕、刀痕、炮弹痕密如蜂巢；宛平县府旧址，则颓垣残壁，不忍卒睹。

我向孙儿谈起了一段回忆：1949 年 9 月，我来北京参加开国的全国政协大会时，有一天，王冷斋先生请吃饭，同席有章士钊先生及其秘书潘伯鹰先生。席间，王先生谈起当年的惊险经历，说他就任宛平县长不过数月，日军就日夜在卢沟桥附近实弹演习，子弹飕飕越空而过，有能耐的居民已逃避一空；县署的房屋经常像爆豆子一样，被射击得千疮百孔。当时，驻军 29 军的吉星文团，退守卢沟桥附近的掩体内，忍辱坚守，到了“七七”那天，敌军已逼近战壕，才忍无可忍，开始还击，掀起了“七七”抗战的悲壮序幕。

我又给孙儿谈起我自己的亲身感受。那时，我正负责主编上海《大公报》要闻版，从那年——1937 年年初开始，日本侵略者大概已侦知西安事变的和平解决，国共已达成谅解。为了破坏将实现的国共合作，日本内阁发表了“广田（当时日外相广田弘毅）三原则”：一、共同防共；二、承认“满洲国”；三、华北为日、“满”、华密切“合作”的特殊地区。并改派川越茂为驻华大使，诱胁我政府与之谈判。盛传一时的“张（我外长张群先生）川越谈判”，几乎天天进行，而内容不得而知。天天发表“并无进展”的新闻，我每以写这类新闻的标题所苦。总编辑张季鸾先生启发我说："写标题应力求鲜明、概括、正确、生动，但有些老一套的新闻，不妨标出老一套的标题，夹在整版新鲜活泼的版面中，也不失为一种点缀。"我受此启发，就用一号字标了一行"关于张川越会谈"的单行二栏标题；类似的情况，当时各地关于国大的选举，也是千篇一律的老调子，我也汇编为一条新闻，标题也天天是"国大简讯"的老标题，恰如千变万化的花圃中，安放两块不动的假石头，别有风趣。

"八一三"的枪声，打破了两块"石头"，以后我军浴血英勇抗战，租界居民积极支援前线，坚持达3个月之久，才不得不转移阵地。上海沦为"孤岛"，300万居民，历尽凄苦，凡过外白渡桥来去如不脱帽鞠躬者，轻者受掴、罚跪，重则刺刀下丧命，这一幅人间惨景，历历如在目前。

现在，中日两国已"相逢一笑泯恩仇"了，两国已决定了长期友好的国策，但旧的疮痕宛在。我们是不计较过去的，但如果像"教科书事件""参拜神社事件"不时发生，则不啻揭开我们的旧伤疤，再撒上一把盐，则中国人民的伤痛，将会永难忘却！

青春似火

梁 斌

卢沟桥一声炮响，政治形势起了急剧的变化。我们急于联合有志之士，开救国会筹委会；会议就在高小学堂的楼下教室里开，参加的人有教育局长梁范民，高小校长梁度在，高小教员梁则先、郑厚庵、刘通牖，开明乡绅全老松。我和路一参加了。会议由梁范民主持，路一就关于目前形势和建立抗日救国会的必要做了讲话。

这里需要补一笔的是梁范民和全老松这两个人：梁范民过去曾加入共产党，后来丢了关系，但始终作为同路人做了很多工作。去年曾有一日本特务打扮成僧人模样，坐着驮轿子，从定县顺着公路来到蠡县，住在宴宾楼，耀武扬威。全老松正在宴宾楼住着，看不过眼去，心中一气，到公安局叫了几个警察，他手持大棍把那日本鬼子轰跑了，是一个有民族气节的士绅，在这个会上，他们俩发言较多。

敌人打到家门上，赶紧发动群众，开展抗日运动，保家卫国，这是一致的，但是这个团体究竟叫个什么名字，却发生了分歧。我的主张叫“蠡县各界抗日救国会”，并成立区乡组织。全老松主张叫“蠡县后援会”，不提“抗日”，不提“救国”。他说：“要是引起国际交涉，那就麻烦了！”实际上只发发通电，发发宣言，也顶不了什么事。为了统一战线的关系，梁则先、刘通牖、梁范民都无一定的意见，我们则坚持到底，最后还是全老松让了步，我们胜利了，就叫“蠡县各界抗日救国会”。

救国会成立，号召力量也就大了，高小教员刘子持、齐净溪、刘同会、刘曦亭都参加了。

蠡县建党较早，过去发生过博蠡暴动和高蠡暴动，党的基础比较雄厚。救国会一成立，四乡失去关系的党员、爱国人士、同乡同学，来来往往，都来联系，自动成立区的村的救国会，很快形成一个工作局面。

我们现有的会员分成四个队，每区一个宣传队，下乡宣传鼓动广大农民起来抗日救亡，并联系一些抗日的骨干。四区这个队有刘通牖、刘纪、刘金田、吴廷华和我，每人一辆车子，走遍全区，每到一个村庄就在十字大街上吹奏口琴，高唱救亡歌曲，人集得多了，开始轮流演讲。在高蠡暴动之后，还是一件新鲜的事情，听讲的人并不太多。第一天中午是在刘金田家里吃饭，第二天中午是在刘纪家里吃饭，第三天中午是在我家里吃的饭，都当客人招待。形势有利，救国会发展很快。河北省政府在保定召开后援会，我们派郑厚庵去出席。

在紧急的时刻，我们是多么需要领导呀！但是侯卓甫不来了，我们不明白目前的形势朝着什么方向发展。商量的结果，叫张青季到保定找他父亲张化鲁，通过张化鲁找寻保属特委，当时他父亲正在省教育厅当督学。不料当天去了，第二天早晨就遇上日寇飞机狂轰滥炸，人心惶惶，也未得活动，就骑着车子跑回来了。

迎着敌人的进攻，我们决定召开全县救国会员抗日救亡誓师大会，并通知县政府、公安局、财政局、建设局，教育局等各科局参加。大会在戏楼召开，到时各区村会员、各种局，连警察、保安队都来参加，来参加大会的人成千成万。统一战线、抗日救亡开始深入人心。

路一主持大会，几个人讲了话，青季讲了保定之行及飞机轰炸保定，台下群众连呼口号：“打倒日本帝国主义！”“中华民族解放万岁！”呼声响彻云霄。会后在大街上游行示威，这个大会对于广大群众的发动，有很大好处。

但是，我们还是没有上级党的领导，问题来了，不知道怎么解决。在这种情况下，我们还开了支部会，讨论了怎样建立抗日武装：以刘曦亭为大队长，廷华为副大队长，通牖为政治部主任，路一为副主任……先有了官再组织串连兵，设法弄武装，这也算一种武装准备吧！

抗日力量在全县活动着，扩大着。

有一天，廷华对我说，他在杨村四存中学师范班读书时，有个老师叫温建功，是个老党员，现在省政府民训处当秘书长，民训处长是张荫梧，在那里是否可以找到党的领导。当时我认为可以去一趟试试，张知吾也同意。

在一天的早晨，吃了饭，我们就骑车出发了。蠡县离定县一百二十里，小晌午就赶到了。到了民训处，先见到前博蠡中心县委书记王志远，他在那里当秘书，说了几句话，就找到温建功同志。高高的个子，白净面皮，是一个青年哲学家，北平法商学院的教授。见到我们，很是热情，我们说明来意，他对我们谈了目前抗战形势：由于不抵抗政策，日寇进攻神速，现在已经进了天津和北平，从平汉、津浦两线进攻，中央军不战而退，杂牌军也顶不住……总之形势不好。说完了，他征求我们的意见，是不是见一见张先生。在当时的情况下，我们认为见见他对于取得合法存在是有利的。这也是统一战线工作。

张荫梧系晋系军阀，曾当过北平市长，阎、冯倒蒋时，他是阎锡山在津浦线的前敌总指挥。失败后，他在山西军阀中站不住脚，于是下野归家，在博野杨村办了一座四存中学，兼有师范班，培养私人势力，企图东山再起。后来当了定县、博野、蠡县……等七县专员，抗日战争开始，兼任河北省政府的民训处长，又当了督战队长。因为羽毛未丰，他不得不与共产党合作。在温建功、王志远等同志来说，是在那里搞统战工作。

我们同意见张荫梧之后，温建功同志即去做安排。时间不长，勤务兵在院里石桌旁摆了几个凳子。随后张荫梧走出来，温建功同志即招呼我们出来就坐。

张荫梧是一个彪形大汉，戴着眼镜，脸呈黑褐色。温建功同志叫我们做了自我介绍；我们说是蠡县救国会的，来取得联系，请示机宜……张荫梧确实有大人物的气魄，从容举动，谈吐亦不俗，一字一句地谈了一套抗日的大道理，他明白说明在斗争里需有理、有利、有节……还是为了发展他的个人势力。

谈完了，我们到大街上吃饭，吃了饭回来，又找老吴的老师徐请远谈了谈。他是东北人，“九一八”事变后，曾经搞过义勇军，因不能存在，才跑到关西来，在四存中学教书，在游击战争训练班教游击战术。此人是个活跃人物，一见了我们，眉开眼笑，大说大笑，很像一个跑大海的。我们说明来意，还没谈到本题，北方炮声响。他愣怔了一下，走出去了解情况，回来仓促地说：“敌人到了望都了，我们要搬家，你们回去放手搞去吧！”一边说着，脸色苍白，摇着右手。

我们一听，有些吃惊，实在无法，事情还未办成，也只得回去。定县城是个四十里的大城，城里都种着庄稼，我们走出闹市停下车子，静听北方的炮声，已经很近了。骑着车子走出城外，月亮已经东升了，困难当头，连月亮也不明亮了。心里发急，两脚蹬着车子，骑得飞快。乡下的公路不平，坑坑洼洼的，所以我们不断地摔跟斗，摔倒了爬起来又跑，也不知道跑得多快。过安国县城的时候，城门大开，只有两个站岗的，来回踱步，因为我们不想进城，也不理他们，他们也不盘查我们。炮声响着，什么也顾不得了。

骑车跑到南城门，遇上芳州和则先，骑着车子迎头跑出来，见了我们停住车子，我们也停下车子。则先说："你们不要进城了，叫汉奸杀死你们！"我们也不理他，骑上车子进城，到了城门口，遇上一队马队、一队车子队从城里跑出来，行色仓惶。保定失守，这些做官的人们也不知如何是好了！

我们到了高小，校门大开。我推着车子走进去，曦亭、青季、静溪、子持、刘同会等十几个人正在荷花池畔听炮声。曦亭和青季一人手里提着一支枪。看见我们回来，都很高兴。正在谈论定县之行，衙门口里饭馆的跑堂的送了信来，说："县长跑了，公安局长也带着保安队跑了，只剩下一个分队……"

我们不禁愣住，曦亭说："要紧的是，这个当儿我们应该怎么办？”青季说：“我们缴他的械，成立游击队！”大家一致同意。说去就去，开动脚步又去了。在我的记忆里，这时只有十几个人。

来到公安局门口，大门开着，门口冷清清的，无有一人。静溪拿过冲锋枪，说：“我在这里站着岗，他们要是追你们，我就开枪。”曦亭打头，一齐走进去。见有一人，正立在办公室的砖台上听炮声，是警察长陈金波。曦亭大喊：“保定失守，敌人来了！是抗日的跟着走，不抗日的把枪放下！”

陈金波走向前来，弯腰说：“好说，国难当头！来，拿枪吧！”他走回办公室，取出钥匙，开了枪库。枪就在架上，我们每人拿了几支出来。陈金波还说：“还有子弹！”我们跟他到办公室，他开了小柜，取出子弹，我们用衣襟兜着，匆匆走回来，在校长办公室里点了数，共是七十二支。说也奇怪，有了枪了，人也不知从什么地方出来了，每人一支，都背起枪来——形势逼人，救国会员们都来取联系。保定失守之夜，蠡县的第一支游击队诞生了。以上这一段生活经历写进《烽烟图》里。

正在此刻，电话局送了信来。高阳来了电话，国民党九十一师从安新顺河而下，要在蠡县住几天。我们商议，游击队才成立，人枪不多，算是有了一个很好的基础。九十一师军纪最坏，我们碰不过它，如果被他们吃掉，那就坏了。

经过商议，不如撤出城去。后来决定撤到青季他们村里——河南里蔺岗村，这村里曾经有过一个老支部，群众基础好。

时间紧张，说动就动，游击队站队，报了一下名，就出发了。我与廷华到北区联络会员，送信。我们两人拿着一个救国会的旗子，虽然有月亮，但是深一脚浅一脚的，也看不清楚，行动慌张，也找不见道路，蹚着漫地走。时正秋天，到了村里，大街上静静的。廷华一人回家，我走到门前，小门关着。我挺着身子提起插关，开了小门，又把门关上。一家人静静睡着，我走回屋里，取出我家唯一的一支大枪，拿了一些钱，也未和妻子谈什么。国难当前，妻离子散，也没有什么说的了。

我隔着窗户叫三哥，说："保定失守了，正过兵呢！"当时我三哥是村救国会的负责人。我村离保定只七十里。我一人出来，直奔西百尺村，这时天大亮了。走到廷华家里，他正在炕上躺着，见我来了，拿出一块钱，叫家里人去买了半块钱的面来，擀了一大盆面条，我们吃得饱饱的。时刻紧急，也不觉得困，也不觉得累了。到了学堂里，告诉他们保定失守的消息，救国会转移到蔺岗村，抬起腿来径直去了。

路上溃兵很多，败阵之师，狼狈不堪。有一个大兵要看我的旗子，我展开让他看，他见旗上写着"救国会"三个大字，便也无话可说。走到我们村街口时，一群人集在街口上看过兵，都在关心着国家的兴亡。三哥也站在那里，见我过去，向我打招呼，我走近前去，他把几粒子弹递给我，也没说什么。

我们过了潴龙河，过了李岗，就是蔺岗村。游击队住在一个场院里，屋里铺着干草，人们睡在干草上。直到目前为止，为了工作，为了国家大事，不停脚地跑了一天一夜，但我还不觉得累，还是精神十足的。祖国在危亡中，我连命都不要了，何况付出一点血汗。

稍事休息，听说张化鲁老师回来了，我们喜出望外，因为我们都年轻，没有武装斗争的经验。张化鲁老师上了年岁，是有经验的。说着，张老师就来了。我正在门口擦枪，但是他没和我们打招呼，就走到里间屋里去了。和曦亭说了一会话，就扬长而去了。没有和我们握一下手，说一句话，使我们很失望。

后来，听说张化鲁请客，只请了张青季那些高小同事的，没有请我、路一和廷华，我们都是他的高足，为什么对我们这样冷谈？其实并不奇怪，张化鲁离开我们之后，曾当过育德中学的训育主任，当过河北省教育厅的督学。他一步登天了，还娶了小老婆。高蠡暴动时，县委曾写信叫他回来，他不回来。后来，他脱离了共产党，加入了国家社会党，腐化了。

此次见面，并没有说一句有用的话，但是他说了不少泄气的话。说这么干法不行，那些人只不过写写文章而已。所谓那些人，不过指的是我、路一和廷华吧！

后来据青季说，这个人死得还不错。他到了郑州，当了二十九军李虎臣的游击队的师长，攻道清路时牺牲了。

我们的游击队在蔺岗住了十几天，只是向各大户要些粮食，心里架着火，亦不知饥饱。等九十一师过去，我们的队伍又回到城里，住在高小里。工作已经成了一个局面，区村救国会的人，来来往往，汇报工作，请示工作。但是我们还是找不到党的领导，形势不明，我们心里还是犯嘀咕：米面吃完了，我们没有公开的名义不能征粮。曦亭带着枪到县政府要了十几袋面来。

开了一个救国会的扩大会议，多是一些骨干。此外有平津流亡学生参加。大会在楼下教室里开，几乎坐满了。全老松的儿子全耀华，激昂慷慨地讲了话，说："日本鬼子来了，我们每人拿一把小铁锨，三面磨成刃……"郑村的一个女大学生周静舒也讲了话。大会开得很热烈，但不涉及目前形势和路线，还是解决不了问题。

周静舒的爱人，《大公报》的记者小方，放了一个烟幕弹说："日本鬼子一来，就像拉大网，你们这些人就像网兜里的鱼……"动摇人心，有很大的破坏性。

廷华提议，还是找温建功同志，找个独立大队的名义，谋求公开的存在，目前民训处就在石家庄。否则，一百多人、枪暴露在地上，无法存在。

这个提议，招来许多误会。有人认为我们要逃跑。刘通牖的意见是：日本鬼子一来，凫着呛水上，到平津去……人们的思想像一锅沸水，煮得滚来滚去。我和廷华、知吾，下决心到石家庄去。当时青季不在，路一也无可如何。

但是，听说我们要去，度士、静溪、同会、子持等也要去，他们不是党团员，受不到约束。

第二天吃了早饭，我们三人骑车出城，路一和春园送出南门以外。

抗战时期的艰苦生活

秦　牧

“七七”卢沟桥的炮声响了，接着又是“八一三”上海的血战，抗日战争全面展开的局势已经形成。这一阵阵炮声不仅震撼着中国，也震撼了全世界。

漫天的烽火当然也影响到纸醉金迷的香港，大批敏感的有钱人像潮水一样涌到香港。教师们上课时都经常谈到了抗日战争的话题。图书馆里人们争着阅读报纸。“抗战的一天来到了，抗战的一天来到了”的歌声也响彻学校的许多角落。八百壮士死守四行的消息，使人振奋。南京失守和日寇对南京市民的大屠杀，又使人愤怒悲伤。有点进步思想的人都密切注意着中共的历次宣言和战争局势的发展。

日寇对我国许多大城市滥施轰炸，离香港近在咫尺的广州也不断地挨炸。五百磅炸弹、凝固汽油弹、平射杀伤弹都被用上了，广州经常在每次轰炸中都要死伤一两百人。

抗战时期，热血的青年（这种青年在当时是很多很多的）都对死亡不大在乎，认为如不抗战，中国必将灭亡。因此，个人死就死吧，义不容辞。如果不是这样，当时我们许多人的行动，今天有好些人就很不容易理解了。

1937 年寒假，我和一帮华侨高中的同学，组织了一个宣传队，自费回内地宣传，到过中山、顺德等地，两周后才返回香港。途经广州时，我们目击了高射炮隆隆震响，日寇飞机疯狂投弹的景象；心情凄苦激烈，巴不得立刻投身到抗战的热潮中去。

这次行动，造成了一个契机，使我翌年三月，在临近毕业的时候，放弃了学业，到广州参加救亡工作。

因为从内地回来后，我们又在学校组织戏剧演出和宣传活动，我经常在壁报上发表文章和写些剧评。1938 年初一位姓饶的历史教师问我：

“你愿不愿意到广州参加救亡工作，如果愿意，我可以介绍，生活费当然是很少的，每月法币十元，但个人的生活是不成问题的。我自己也不想教书了，我也去。”

原来有一个叫做前锋剧社的组织，和当时广州的好多剧社一样，正在开展抗战宣传工作，它需要补充一些社员。这个剧社是受国民党中央军校德庆分校补助的，领导人是国民党中宣部的一个专员罗海沙。但当时国共已开始合作，抗战初期不存在什么摩擦的问题，广州、武汉、桂林等地，马克思主义、共产党的书籍，毛泽东著作都可以公开贩卖，所以我们并不存在什么顾虑，而且，我这时对共产党的认识仍然很肤浅，共产党员朋友我一个也没有。十元法币现在看来少得可怜，但抗战刚刚爆发时物价很低，十元法币可以换成十四元多的广东毫券，而每月伙食只需要六元毫券就行了。况且当时我并没有任何负担，身体也很好，再苦一点的生活也是可以对付的，出于迫切要求参加抗战工作的热忱，我答应了。

1938 年 3 月我到了广州，参加了前锋剧社。

这个剧社有二十多名社员，大都是招考的，也有一部分是被推荐来的，有大中学生、社会青年。我们的任务就是向群众作宣传，有时也演剧给军人看，当时除了自编的剧本外，还演出过《八百壮士》《“九一八”以来》《放下你的鞭子》《最后一计》《张家店》等等，都是激励群众起来和日本侵略者作斗争的。

当时生活紧张而又忙碌，进修，读剧本，排练，演出，还要自己采购粮油菜蔬，轮流烧饭，一般来说，大家情绪很好。每天天一亮，大伙就响起了“起来，不愿做奴隶的人们”的歌声。当时日寇轰炸频仍，设在爱群大厦楼顶等处的高射炮不断迎击。白天，还不过是炸弹、炮弹声不断轰响而已，夜里，景象就更紧张了。那时汉奸很多，日寇飞机一来，就有汉奸四处给它放五颜六色的火箭，指示目标，看了着实令人气愤。日寇的轰炸，使广州天天都死伤一百几十人或几百人不等。

我们除在广州演出外，还到四乡演出。有一次，更整队溯西江而上，访问了梧州和桂林。在那几个月里面，我们到过花县、清远、肇庆、云浮、郁南、罗定等等地方，这使我初步开拓了视野，学习到了许多在学校难以掌握到的社会知识。

大概是在八月间，当我们远行归来之后不久，广州《中山日报》副刊因为缺少一个助理编辑，罗海沙商得我的同意后，把我借调给这间报馆了。我开始接触编辑工作和处理稿件，就在这个时候。当时我是十九周岁。从此，我开始在报上写点小文章了。

抗战时期的生活，是非常动荡不安的，我总是不断地失业、就业，失业、就业，几个月换一项工作的事十分平常。所以，要详细叙述那段经历相当困难，这儿只能很扼要地讲一讲罢了。

这年十月间，日寇在惠阳的大鹏湾登陆，向西直扑广州。国民党军队的士气本来就不怎么昂扬，很快地就节节败退，广州告急了。人民群众是群情激昂的，我看到设在市区的献金台，人们热烈献上货币、金饰充当军用。但是军队却不争气，失利的消息不断传来，广州看来很快就要沦陷。国民党政府尽管非常窝囊，但是这个时期，它还不像后来那么颟顸和腐败。在紧急之际，它总算还想到要设法子帮助青年们撤出广州，以免他们陷入日寇之手。广东省的“动员委员会”鼓励青年们报名参加战时工作队，成立数以百计的小队，每小队十几个人的组织，让他们互相照顾，向西向北撤往四方，交通工具是没有的，上头也没有派来什么人具体领导，只是每个队给一个月的经费，要大家徒步撤离而已。报馆通知我不必上班了，要我去参加这种战时工作队。好几个夜里，中山纪念堂内灯火辉煌，报名参加的人数以好几千计。在那里，我看到青年们带着简便行李，有的还带着匕首大刀，听候派遣。因为那时广州气氛已经相当危急，敌机总是不断隆隆在头顶飞，时常丢下了炸弹，不知是从前线撤下来还是准备上前线的军队一列列走过市区。他们神情颓丧，一路走，一路交头接耳，说些泄气的话。广州眼看很快就要陷落了。

我被任命为广东战时工作队十七小队的队长，率领十几个青年撤离广州，目的地是广东西北角的广宁。我们是漏夜沿着广三铁路走的。这行人中，没有一个有军事知识，大抵是各行各业的社会青年，虽然萍水相逢，彼此原本全不认识，倒也还能够同舟共济，互相照应。我们夜里沿着铁道走，第一站是佛山。沿途的景象使我异常震动，铁路竟变成个圩场似的，人流滚滚。那时的物资当然不像后来那么匮乏，沿途见到人们丢弃了不少笨重的东西，例如木器家具、自行车，也不见有人捡走，甚至还见到一两个婴儿被委弃在道旁，挣扎号哭，景象很是凄惨。在沿着铁路线跋涉的时候，我还有一个奇怪的体会，当人疲倦到极点，而又不得不迈步走路的时候，是完全可以一面闭着眼睛睡觉，一面机械地举步行走的。

我们走了一个晚上，翌日早晨到了佛山。我们当天停了下来，互相介绍认识，夜宿佛山。隔天一大清早，又继续向三水进发，深夜到达三水县城。第三天一大清早再上路时，出发没有多久，就听到后头一片敌机轰炸声，回头一望，三水县城“西南”镇已在火海之中了。

我们就这样走走停停，约莫走了一个星期，到达以竹林深邃、老虎出没著称的山县广宁。这儿景象宁静一些，但是逃难的人很多。我们一行人，时而围拢起来座谈形势，时而到大街上做点宣传，宣传的内容不外是抗战是长期的，一城一地的沦陷，并不能就此决定战局之类。不久，就接连听到广州和武汉都已失陷的消息了。

在我们队伍中，有些人连棉被也没有，我这个做队长的，只好夜里和这样的人共被睡觉。往往顾得上身又顾不得腿脚，深夜常被冻醒。我们住神庙，宿祠堂，自己烧饭，是不用花多少钱的。但是我们所领到的只是一个月的经费，而所谓经费不过是各个人的生活费（我已不记得那是多少钱了），但充其量也不过是足够一个月的伙食，每人略有一点零用，再加一点文具费罢了。一个月很快就要过去，下个月又怎么办呢？我们到处打听省动员委员会在什么地方，却始终打听不到，原来它是从另一个方向撤走的，并不在西江一带。再后来，传来消息说：所有战时工作队，一律在各地就地解散。国民党政府办事的胡混处，从这桩事情上也可以想见一斑。原来，它并不想真正把抗战青年组织起来和敌人进行斗争，而是认为“我帮你们撤离广州，事情就结束了”。我噙着泪水把这件事宣布给大家知道，并把余钱分发给大家做路费，要大家投亲靠友寻找工作，各奔前程，大家都愤怒悲伤，欷歔不已。这支战时工作队，分手之后，几乎全部成员我都不再见到了，我后来不意遇见的其中一人，变成了一个画家。

抗战时期的国民党统治区的青年，很多人都饱受失业饥饿，颠沛流离之苦，但是当时也有一点社会风气是好的。这些人彼此之间，很能“相濡以沫”，互相支持，只要略有一点相识，遇到对方有困难时，就慷慨解囊相助，有时还时常容纳对方住宿。整个抗战时期，我受过许许多多的人的帮助，也帮助过许许多多的人。当时有人告诉我，罗海沙，过去前锋剧社的社长也到了广宁，我就去找他。那时剧社已经烟消云散了，但是他即将当上一支学生军团队的政训室主任，就答应我到室里去当个中尉宣传科员。前锋剧社另外两位文笔较好的社员也参加了工作。我们干的是编印揭发日寇残暴，宣传抗战的油印品，分发给团里的士兵。士兵们大多数是学生，所以队伍的名称叫做“教育团”。团长官阶很高，是个少将。我们在广宁的石涧一间民房里办公。这个时候，我们还曾经到广宁、四会之间，动员群众破坏公路，在公路上挖横七竖八的泥坑，阻止敌人的坦克长驱直入。这时候，敌人的飞机仍然常常到处轰炸。有一次，我拿了一包衣服送到洗衣店去，过了几天，才发现那间店铺，全给炸光了。又有一次，我在公路上行走的时候，突然听到一阵震耳欲聋的马达声，抬头一看，原来是一架敌机低飞掠过，那日本鬼子的脑袋也可以看到。幸亏我这时穿着便装，而且是单人走路，目标不大，否则他的机枪一扫射，我就完了。在抗战时期，这类危险经历，我是遭逢过好几遭的。

在西江教育团工作不久，部队被命令到粤北韶关的龙归乡集中，听候整编。我们又靠两条腿，攀山越岭，进行千里行军。在行军中，我对伙伕这一类人物的坚韧精神，感到相当敬佩。他们挑着几十斤米和大锅之类的炊具，在山间小路行进，有时还要攀登云海茫茫的高峰绝巘，居然还能随时开饭。农民们有一种坚忍不拔，吃大苦耐大劳的素质，常常是其他阶层出身的人不能企及的。这样的军队如果有正确领导，肯定可以干出许多业绩。但是在国民党的领导下，却发挥不出什么威力，好好一支队伍，调到粤北，就给整编解散掉了。我们这些算是“军佐”的人，都被整编掉，每个人拿了三个月的遣散费，离开龙归乡。我又一次尝受了失业的滋味，心情沉重地和几个失业朋友辗转到了韶关。

韶关那时成了广东国民党省政府的战时省会，我在那里见到好些认识的人，却是失业的居多。这时我心情相当阴郁，颇有一种人海茫茫、报国无门的愤怒。这么大量的爱国青年，弃置不用，都沦落为失业者。韶关也经常受到日寇飞机的轰炸，死伤枕藉。有时白天看到被炸的废墟旁边，断手缺足，或者被弹片削去了半边脑袋的一排排尸体，经过河边时又看到那些发国难财的人在紫洞艇（一种专供宴饮用的酒舫）里纸醉金迷，划拳酗酒的热闹情景，更有一种欲哭无泪、咬牙切齿之感。加上在部队时我染上了疟疾，1939 年初我发病竟达数十次。疟疾来袭时，冷得发抖，盖两床棉被睡觉，冷去热来的时候，又周身滚烫，推开了被子昏昏沉沉地酣睡。病过之后，吃几粒奎宁丸，又如常活动了。我们租住当地农民一个客厅，摆两张床铺，两个睡一张，自己烧饭，靠遣散费结结巴巴过着清贫日子。

这样过了好几个月，《中山日报》在韶关复刊，通过罗海沙的说项，我又当了副刊编辑。一个人负责整个版面，每天交五六千字的稿子，天天见报。如果以现在人们的眼光看来，这几乎是不可能的事情，但在当时，这却是可以办到的。原因是投稿的人很少，每天从来稿和约稿中选出几篇发排就行了。除了特殊情况外，一般也不需要退稿。而且，国民党办的报馆，社长、总编辑之类的人员，办事总是非常马虎。副刊编辑发什么稿子，他们事前并不检查，看大版也不会注意到这么一个“报屁股”（旧时代人们称报纸副刊为“报屁股”）。所以，旧社会中，报纸的一版、社论和副刊的观点时常打架，如果知道国民党报纸内部结构状况，就会充分觉得这种情形是“可以理解”的了。

我当时发的大抵是宣传抗战，痛斥汪精卫（当时汪精卫已经跑到日军占领下的南京去成立傀儡政府，大后方人们都称之为“汪逆”了）以及一些描绘生活画面的小说、散文、诗歌等。现在回顾起来，水平自然很低，但基调却完全是宣传抗战的。编这个副刊，我也结交到好些长者朋友。第一个我要提到的是钟敬文，他是著名散文家，解放后当了北京师范大学的一级教授，是一个对民俗学和民间文学很有研究的人物。当时他在四战区政治部工作，比我大概要大十多岁。这样一位长者，看了我主编的副刊之后，首先跑来看我，这使我很受感动，并成为我终生难忘的一件事。几十年后，1978 年，当他在北京和我一起开会，拿出纪念册要我题词的时候，我在这位长者的本子上写下了这么一首白话诗：

忆当年我廿岁还很年轻，
一只热情的手叩我柴门。

那之后四十年逝川滚滚，
友谊的琴声总拨个不停。
忘年交长者情令人铭感，
到如今两老头碰杯高吟！

我在这儿录下这首诗，不但借以表达我对这位长者的感激之情，也想说明：一个人对于年轻人的爱护，所能够引起的反应，真像是“一石激起浪千层”，涟漪可以扩展到远方。

另两位我当时结交的朋友，一是石辟澜，一是张客。

石辟澜是当时中共省委机关报《新华南》杂志的主编，他是共产党员。当时在文协的集会上见过几面之后，我们成为很好的朋友，并曾好几次一起吃饭。我向他表示，在国民党的报馆里工作，我只宣传抗战，如果干不下去，我随时可以一走了之，并不恋栈。他劝我处事要慎重，必须注意和各方面的人事关系，不要随便失去这么一个工作岗位。他的持重态度显然比我要成熟得多。石辟澜受过正规教育很少，少年时代当过鞋匠，但依靠艰苦自学，却成了一个很出色的理论家，能写一手十分漂亮的杂文和论文。抗战初期，他常在《救亡日报》发表作品。这位友人后来去了延安，1947 年随刘邓大军挺进大别山区时，在湖北麻城被地主武装杀害。这是一位我很敬重的朋友，我后来专门写过长篇文章纪念他。

张客是救亡演剧四队的骨干。我看过他导演和主演的《风凰城》等剧，对他的表演艺术非常喜爱，当时也常常过从。他后来成为一个相当出色的戏剧家，解放后当了北京中央戏剧学院导演系的主任。

由于当时的物价已经开始波动，我又要帮助维持三个失业朋友的生活，因此，虽然每月工资有五十元，我有时却要挨饿。因为青年时代，钱到手总是随便花掉，并不能做到精打细算。因此，有时就开不成饭了。我记得有一次离发工资还有一天，但是米没有了，钱也没有了，又懒得开口向人求贷，结果我和几个失业朋友整整饿了一天。青年时代，食欲很盛，我曾经一次吃过十二个鸡蛋。因此，饿一天也是相当难受的。至于饿半天的事情，我们更经历过好几次。学生时代吃白面包度日和步入社会初期饿饭的经历，使我后来成为一个对生活相当随便的人。举例来说，吃几条红薯，或者吃两斤香蕉，我都可以混过一顿。而且奇怪的是肠胃却一直很好。这可真是拜艰苦锻炼之所赐了。

那时，因为较之武汉、广州失陷初期，局势相对稳定一些，国民党的摩擦专家就蠢蠢而动了。我业余常常看共产党的出版物，并且按那个口径来发表副刊文章，报社的社长李某，一个党棍子，对我感到不满。有一次，我发表了一篇文章骂挑拨是非的托派，更惹得这个党棍恼火。加上那时广东的青年抗日先锋队（中共的外围群众组织），在我编的副刊上办了一个青年周刊，名字叫做《青年动向》。它的版头是一个箭头，朝向左方，上书“青年动向”四字。这本来是很平常的一件事，但那些党棍们看到箭头朝左，也认为这里面大有文章（多么可笑的逻辑！不是看文章的内容而是看一个版头！但是可悲的是采取这种态度来观察事物的总是大有人在），也在嘀嘀咕咕暗地议论了。

在这个报馆里，社长高高在上，平时是不大管事的，只在纪念周（星期一举行）上发表讲话。总编辑是个娶了一妻一妾的人，从不写文章；总主笔是一个留美的博士，他是经常写社论的，但是老在编辑部发表一些怪论。例如有一次，他夜里在编辑部吃夜宵时大放厥词：“我告诉你们青年人，不要结婚！轧姘头好，结婚了，你就像给一条绳索绑住一样。轧姘头自由，合则来，不合则去，无拘无束，自由自在！”公然在编辑部里贩卖美国生活方式了。像这样一间报馆，平时工作的松懈可想而知，但有一个夜里，社长穿着香芸纱唐装，到编辑部来了。他察看各人的工作，然后就对我说：“近来外面对你很有些闲话呢！副刊发表一篇文章在骂托派。托派是人家共产党内部的事，与我们何干？我们犯不着帮共产党说话。还有那个《青年动向》周刊，‘青年动向’四个字怎么是朝左的？这是什么意思？你注意到没有？”我稍为辩解了几句，他脸色一沉，怫然道：“你好好想一想吧！”

过不了多久，报社突然下令把我调到梅县去，那时，《中山日报》有一个梅县版，每天出版很小的一张报。我去见这个党棍社长，表示我不愿去，他说：“不行，要嘛你去，要嘛你自己解决生活问题。你不必再留在韶关了。”我说：“留在哪儿是我自己的事，我就是想留在韶关。既然这样，我自己另找工作好了。”就这样，报社很快给我一份“停薪留职”的通知。“停薪留职”云云，就是变相开除。略有不同的，是我如果就范，服从他们调遣的话，就可以回来。但我是决心离开了。

我一向在韶关河西租农民的房子居住，栖身是不成问题的。那时韶关有好些刊物，我就想勉强靠写作为生。而且，那些失业朋友已各各找到职业，他们多少也可以给我一些接济。上面我已经说过，抗战时期，穷朋友间互相解囊相助，是十分平常的一件事。

那年年尾发生了“皖南事变”，抗战期间第一次反共高潮掀起来了。我因为离开报馆（我前后在那间报社只工作了五个月），因祸得福，不必承担发排上面压下来的稿子的责任。我的生活是艰难竭蹶的，写作收入极少，不得不常靠朋友接济。本来，这样结结巴巴生活下去，仍然是勉强可以的。但是这个时候，粤北前线紧张，韶关疏散人口，日本鬼子如果长驱直入，我将如何逃脱呢？想着参加抗战活动后的种种经历，不禁喟然长叹。那时，我常常对着一盏孤灯，望着天花板失眠到半夜。

报馆我是绝对不回去的。我一向有副倔脾气，奉行“好马不吃回头草”这句格言。那么，敌人如果攻入韶关，我这个“江湖散人”，将何以自处呢？我再三地冥思苦想，最后，终于想到：豁出去，设法子去参加武装斗争。我想，我如果能够抛弃“一介书生”的生活方式，参加武装斗争，局面就可以改观了。幸而不死，也许可以创一番事业。

那时，报上常常登载韶关有一个抗战团体的活动。它就是中山大学回粤战地服务团。它的成员是中大学生和部分社会青年。团长是中大法律系的教授高承元。这位高团长同时兼任国民党政府战地党政委员会的少将视察员。这个人常到珠江三角洲战地活动。他在一些文化界集会上的发言我听过，反对摩擦，比较有进步倾向。我打听到他的住址，登门拜访，表达我愿意到战地去参加武装斗争，冒险犯难，生死在所不计。我这个不速之客的突然拜访，显然使这位团长感到十分意外，从他的眼神里还流露出猜疑的神采。但我再三解释来意，说是已被《中山日报》变相开除，生活困难，战事又紧，请他多多帮忙。最后，他答应考虑考虑，要我几天后再去看他。

国民党政府的这个“战地党政委员会”，是为了安置李济深而设立的。经过了十九路军在福建成立人民政府失败的事件以后，蒋介石对李济深步步提防，既要给他一个“庙”，又不能让他掌握太多的实际权力，因此就安排李济深担任这个委员会的上将主任，标明的宗旨是督导战地党政工作。这个委员会也接纳了一些在当时算是比较开明的人物在工作。高承元是早期的留德学生，在陈友仁当部长时代曾在外交部担任要职。他既不是左派，也不是右派，应该说是个中间派。他经过几天考虑之后，终于接受了我的要求，要我也参加中山大学回粤战地服务团当团员，把我带到战地去。但他不是直接率领我，而是把我付托给一个被称为“黄司令”的所谓游击司令，要我跟随他到珠江三角洲去。这个司令名字叫做黄侠生，是一个崛起草莽的风云人物。我和他会面后很觉惊异，他穿着唐装衫裤，并没有什么英雄风度，倒很像是南、番、顺一带跑单帮的商人。但是高承元介绍说：“黄司令枪法极准，你跟他去没有错，要听他的话。”黄侠生和我热烈握了手，对我表示出亲切尊重的样子。

原来广州沦陷以后，国民党政府委派了好几个广州外围的游击司令，黄侠生就是其中之一。他率领着一支农民队伍，在南海乡下一带活动。过了多年之后，我才知道这几支游击队，倒不全是乌合之众，其中二支队的司令吴勤，还是共产党员，后来他在一次渡河之战时牺牲在敌人枪下。当时我对于珠江三角洲一带的形势，茫然一无所知，却居然跟着一个素昧平生、不知底细的人，深入龙潭虎穴。这在今天回顾起来，是十分冒昧和幼稚的。但是当时却觉得不计个人得失，挺身赴难，很是自豪。这事情，还得联系当时我的具体处境和切身感受，才能解释清楚。我失了业，在敌军可能进占的危城中一筹莫展，处境很是艰难；又很想对抗战尽一点力量，就走上这条冒险的道路去了。当时我还这样想，我身无长物，也没有什么社会地位，除了一条命之外，什么都没有，是不会有什么人来算计我的吧，大不了“泼一条命”就是了。因此，跟着一伙我全不认识的江湖人物行动，当时竟然一点害怕的心理也没有。

“七七”回忆

李　克

一提到“七七”的时候，蒋匪军残害人民的一副丑恶嘴脸就不由得出现在我的眼前。

那是“七七”事变后的一个早晨。

我的家乡是潴龙河旁的一个破小的农村。随着战争的爆发，时局立刻吃紧起来。村头上，人们仨一堆儿，俩一伙儿地议论着：“听说鬼子打进关来了，把北京城也占了，说不定连保定府也……”

这些传说闹得人心惶惶，昼夜不安。村里的老财们假装镇静地对人们说：“不要紧，有国军在前面抵抗，我们这儿不会有事儿。”嘴里这样说着，但他们却连夜慌慌张张地举家南逃。

可是老百姓又能逃到哪儿去呢？家里没有一点儿值钱的

东西，把房子和地都卖掉，也值不上财主家的一条驴腿钱，又靠什么逃呢？我们一家人的脸上就像是蒙上了一层灰，爹摸着他那苍白的胡须默默地发愁；娘坐在炕上不停地叹气；大哥和我看着爹娘，却不知如何劝他们才好，我俩刚端起饭碗要吃饭，忽然从外面传进来一个粗暴的声音："跑！我看你往哪儿跑！跑就打死你！"我立刻放下饭碗跑出去，从院子围着的篱笆缝向外看，只见邻居家小平被一个穿军衣的人捆着，像牵牛一样地用绳子拉着走。旁边还有一个穿军衣的人，站在那里贼眉鼠眼地四处张望。

我急忙跑回屋里，把看到的情况对家人说了，爹娘吓得脸都变了色。娘慌乱地把大哥用力推到西边的柴禾垛里去，我又跑到院子篱笆旁向外张望。

我清楚地看到那个穿一身黄呢军装的人，腰上挂着一把崭新的指挥刀，手里握着一根红漆军棍，竖着两道凶眉，在那里挥舞着军棍，指挥着抓人。我看着头皮直发炸，心想：他们可千万别到我家来呀！

咳，越怕什么就越来什么。只见那家伙一边骂骂咧咧地指挥着抓人，一边摇头晃脑地朝我家走来。他一眼就瞧见了我，凶巴巴地问道："小孩，你家里有大人吗？"

"有，有我爹。"

这时，我爹怕那军官进去乱翻，也忙迎出来："老总，家里只有个 16 岁的孩子和他娘，再没别人啦。"我那年实际上已经 17 岁了，因为家里穷，吃不饱饭，所以个子不高。

“混蛋！我问的是青年、壮年！”

“没有哇，老总。”我娘也跟着出来说了一句，她双手端着一碗水，恭恭敬敬地送到军官面前，“老总，请喝点水吧！”

“我要的是人，谁喝你们的臭水！”那军官说着，“啪”的就是一军棍，碗在我娘手里立即粉碎了，碎片像炸弹皮一样向四外飞去。娘的脸色变得铁青，但没有吭声。

这个狗军官贼眉鼠眼地像在找什么，遛到这边看看，转到那边瞧瞧，扒扒这儿，翻翻那儿，一会儿转到了柴禾垛后边儿。我娘慌得紧跟在后边，哆嗦着手说：“老总，大人，这里没啥！”

爹也紧跟着插话说：“老总，穷人没啥！”

那军官猛然抬脚用力踢向苇席筒。哎呀！这下可坏了，我大哥被翻出来了。那军官马上把三角眼一瞪，不问青红皂白，抡起军棍就朝大哥头上、身上打了起来，嘴里还恶狠狠地骂着：“他妈的，你们这些臭百姓都是奴性，不打就不老实。”

眼看大哥被打得头破血流，昏死过去，爹急忙喊着求饶，娘急得放声大哭。

“小孩，走！拉船去！”那狗官见大哥昏过去了，就用军棍指着我的脑袋说。

“老总，他还小，拉不动。”我爹哀求着。

那军官一脚把我爹踢倒在地。我娘这时早已伤心欲绝，只是趴在大哥的头前哭不出声来，像个木头人，眼睛一眨不眨地看着大哥。

“走！拉船去！臭老百姓，还敢反抗国军！”

我回头看着爹娘和大哥，欲哭无泪，欲喊无声，就这样被狗官连推带搡地拖走了。

我们四个人拉一条船，河边的淤泥很深，没到脚腕，每迈一步都要使出全力。船上是机枪和大炮，还有那些凶神一样的国军。我奇怪：他们带着这些武器，怎么不抵抗日本鬼子，却要向南逃跑呢？

一起拉船的一个穷哥们儿告诉我：“什么国军打日本，这些家伙光打老百姓，见了鬼子就逃命。”

我怕又会惹出什么麻烦，急忙把话头拉回来：“你们是哪儿的人呐？被抓来几天啦？”

旁边一个比我个子还矮的孩子说：“我们已经拉三天了，我娘在家……”他话没说完就呜呜地哭起来了。大家都劝他别哭，可一想到这没有头的日子，不知拉到哪儿能结束，就都止不住流出眼泪。

我看看旁边，有很多像我一样，有的比我还小的孩子，还有一些老人，都遭受着同样的命运，被南逃的国民党军队害得妻离子散，我真恨透了这些坏蛋！

太阳平西了，我们又热又渴又饿，四外空空，拉到什么时候才停呢？我忽然心生一计，对看着国民党兵说：“老总，我到地里解个小手。”我装着随意地走到路边的高粱地，趁着当兵的没注意，一弯腰钻进地里，头也不回地拼命跑起来。

穿过地边，绕过大道，溜进村庄时天已经黑了。一切都死寂无声，街上没有一个人影，我不知道村里是不是还有国民党军队，我注意着村里的动静，小心翼翼，蹑手蹑脚地走到家门口，轻轻敲了几下门板。里边连点出气的声音都听不见。我又连敲了几下，才听到里面有嚓嚓的脚步声，随后听到了一种近乎哀求的声音：“老总，家里没有年轻人啦！……”

“爹！快开门！是我，我是小虎。”

我爹一下拉开大门：“小虎，真的是你回来啦！可把你娘急坏啦！”爹把我拽进院，又急忙把大门插好。

娘见我回来，紧紧拉着我的手，生怕一松手我就会跑掉。她眼里含着泪花，一句话也说不出来。我感到屋里没有一点活气，充满着恐怖和凄惨。当我问大哥怎么样了，娘的眼泪一下就流出来了。

原来，我离开村子这么一会儿，村里让国军糟蹋得不成样子。村东头康春来的闺女被轮奸，这个闺女受不了这种污辱，没等天黑就投井死了。村里的东西被抢空了，村里的年轻人被抓光了。可这些国军仍到处乱窜，奸淫民女，抓人打人……我不能在家里久呆，爹娘催着我赶快到野地里躲藏起来。从此我就过起了有家不能归的野外生活。

这天，我正躺在野地里胡思乱想，忽然听到旁边地里传出隐约的讲话声。我悄悄地爬过去一看，原来村里被抓去拉船的人全都偷着跑回来了。大家正在说着各自的遭遇和外面的见闻。我家的邻居小平也在里边。

我们村一个叫孟强的发现了我，忙站起来招呼："小虎，你也在这儿？告诉你一个好消息……"他向外挪了几步，谨慎地伏在地上听了一会儿，又接着说，"你知道吗，饶阳县那边，刚从山里开过来一伙人，说是红军，是共产党，专门打日本救中国！"我向前挪了挪，紧靠在孟强的身边，只听他又对我说："事到如今，我们不能再受国民党的气了，我们打算今儿个黑下就走，去投红军。你怎么样？"我的心立刻激烈地跳动起来，坚决要求和他们一起走。我让孟强和小平他们等我一会儿，顾不得是否有危险，飞也似的往家跑。

一进家我就喘着气急忙对爹娘说："爹，娘，你们在家照顾好大虎哥，我去……"

"孩子，你要到哪儿去？"

"我要和孟强、小平他们到饶阳县去找打日本的红军！"

娘拉着我的手没有做声，她没有流泪，只是仔细地看着我。过了一会儿，才一字一句地对我说：“去吧！找红军，打鬼子！要不然在家也是让那帮坏蛋抓走……”她说不下去了。

爹站在一旁默默地看着我，不时冲我点点头，深陷的眼窝里饱含着眼泪。

我咬咬牙，忍住泪，喊了声爹和娘，然后转身走了。

在这个星夜里，我和我的朋友们，抬起头，挺着胸，迎着满天的星光，离开了生我养我的家乡，跨过广阔的平原，投入到红军队伍中，投身到共产党的怀抱里。

“卢沟桥事变”前后

黄秋耘

一九三七年仲夏，历时八年之久，对世界现代史发生重大影响的中日战争终于揭幕了，作为这出悲壮的历史剧序幕的，就是“卢沟桥事变”。许多历史学家认为第二次世界大战开始于一九三九年九月一日德军进犯波兰，其实无宁说，它开始于一九三七年七月七日的“卢沟桥事变”。从那一天起，中日两大民族、全世界四分之一人口就投入战火之中，血海尸山遍布了神州大地。说也奇怪，这一场断送了二千万生灵的浩劫是在一个美好而柔和的仲夏夜里静悄悄地开始的。

一九三七年六月上旬，国民党政府军事委员会和教育部联合发出命令：全国各大学、高级中学二年级男学生，都要在那一年暑假期间，在当地驻军主持下接受军事训练。根据地下党组织的决定，北平学生要积极参加这次军训。一来可以借此学习军事技术，迎接抗日战争；二来可以在二十九军的官兵中广泛进行抗日救亡的宣传，扩大我党提出的抗日民族统一战线的影响。当时我们都剃掉头发，去西苑兵营报到受训。学生集训队的总队长由二十九军三十七师师长冯治安兼任，副总队长由三十七师一百一十旅旅长何基沣担任（何基沣早年跟我党某些领导人曾经有过接触，读过一些马列主义书籍，抗战初期入党。他在解放战争中率部起义，建国后曾担任中央人民政府水利部副部长）。各大队长、中队长、小队长分别由二十九军三十七师的营、连、排长（或副职）担任。当时华北局势已经相当紧张，这次军训也着重实战训练，把制式教练放在次要地位。西苑周围的青龙桥、玉泉山、西山一带都是我们野外演习的场所，在这些风景如画的名胜地区上面，我们留下了不少汗水和足迹。

我从来未经受过严格的军事训练，开始几周，经过一两个小时刺杀和抡大刀的训练，就汗流浃背，气喘如牛。至于“班攻击”“抢占制高点”等野外演习，消耗体力更大。那一年的天气也有点怪，忽而烈日当空，忽而暴雨倾盆，我们的灰布军服，总是干了又湿，湿了又干。但想到学会了这些打仗的本领，将来总用得着，就咬紧牙关支撑下来了。

集训队的官兵关系是相当融洽的，在二十九军的军官和学生之间逐步建立起亲密的战友情谊。记得有一位姓曹的中队长（连长）一天在接到家书后突然失声痛哭起来，给正在他那个中队里受训的黄诚同志（北平学生运动领袖，任北平学联副主席，抗战期间担任新四军政治部秘书长，在“皖南事变”中负伤被俘，牺牲在上饶集中营）看到了，问他是怎么一回事，原来他家欠了地主老财的债无力偿还，正想将他的妹妹卖掉还债。黄诚同志一面劝慰他不要着急，一面在集训队同学中间发起募捐，一下子就募集了二百块钱给他，他家就再也用不着卖儿鬻女了。边位曹中队长顿时感激涕零，这件好事也在集训队中纷纷传诵，使得二十九军官兵对爱国学生的义举十分敬佩。

七月八日凌晨，天刚蒙蒙亮，从西南方面传来了一阵闷雷似的巨响。在仲夏季节，打雷是常有的事，因此并未引起我们特别的注意。直到我们在操场上跑步完毕，整个总队按照号音发出的命令集合起来，排成“凹”字形队形，何基沣副总队长在队列前宣布：“昨天晚上十点半钟左右，屯驻在丰台的日军突然以找寻失踪士兵为借口，向卢沟桥和宛平县城发起攻击，我旅吉星文团奉命坚守阵地，采取自卫行动，目前双方还在对战中。卢沟桥曾一度失守，已被我军夺回，伤毙日军二百多名，我军也有一些伤亡……我是一个军人，守土有责，我可以向你们保证，在我部下的防区内，一寸土地也不会放弃！”他竭力克制着自己，连“敌军”“帝国主义”“侵略”等字眼也不敢使用，但我们可以看得出来，他的内心是十分激动的。他的眼眶红了，强忍着，没有哭出来，我们知道，军人的眼泪总是十分吝啬的。

七月八日那一天的天气，比往常都要炎热，太阳火辣辣的，间中又有阵雨。训练的科目是野外演习，但是我们一点也不觉得热得难受，也许我们的血液的温度比外边的气温还要高。

“卢沟桥事变”是一场很奇怪的战争。战争打响以后，双方都没有一个劲儿打下去，而是断断续续，打打停停。大概由于我方军事当局抱有和平的幻想，竭力避免事态扩大，而日方因兵力不足，要等待援军到达，才好展开全面攻击；因此，两军虽然不断在前线交火射击，形成对抗态势，而后方的“和平谈判”仍然在继续进行。

根据当时日本驻中国大使馆北平陆军助理武官今井武夫的回忆录记载，当时二十九军当局作了相当大的让步，除了从卢沟桥撤退中国驻军一条外，接受了日方提出的全部条件，包括赔礼道歉，惩办参与卢沟桥战役的指挥官和取缔华北各地的抗日救亡运动等等，实际上已经达到丧权辱国的程度。

七月十一日，中日双方确实曾一度达成协议，规定双方都不在卢沟桥驻军，由中国方面的保安队暂时维持治安。

在西苑兵营内部，空气始终是十分紧张的。每天大清早集训队就拉到郊外去“打野外”，直到傍晚才回兵营，以防日本空军突然袭击，造成重大伤亡。当时我方不但没有空军，甚至连高射机枪等防空武器也没有。为了增强兵力，集训队总队部动员学生自愿报名入伍，入伍后就立即发给供实战使用的步枪、刺刀和少量子弹，但是没有发给手榴弹，大概是怕我们投掷手榴弹的技术还不够熟练，容易发生意外。

与此同时，和我们一起集训的南京政府达官贵人的子弟纷纷接到“父病速归”“母病速归”的急电，他们拿着这些急电向总队部的值日官请假。由于这些电报的落款大都签署着院长、副院长、部长或次长的名字，值日官根据上峰的指示，一律都批“照准”，但是又嘱咐他们离队时行动要严格“保密”，以免影响士气。其实这么多人突然离队，“保密”根本是不可能的，但是对士气倒不见得会有多大影响。因为无论军官也好，士兵也好，学生也好，谁也不相信这些公子哥儿有决心把热血洒在抗日前线的沙场上。他们悄悄地拿着行李卷走了，我们既没有“欢送”他们，但是也没有奚落和嘲笑他们。

虽然带点“临阵磨枪”的味道，但是，集训队的军事训练还是非常紧张地进行着的。在兵营的周围都修筑了简单的防御工事，堆砌起沙包，四周通道都增设了岗哨，规定通行口令，紧急集合几乎每隔一夜就举行一次，总之，一切都处在“临战状态”中。

二十九军采取这些措施并不是多余的，因为在中日双方签订了“停战协定’的同时，日本政府已经下了决心，动员了本土的三个师团、部分关东军和屯驻朝鲜的精锐部队，逐步向华北大举增兵，甚至发出了秘密的动员令。他们训令北平驻军，当地交涉已经没有进行的必要，即使达成了协议也可以随时撕毁。

可是国民党中央政府的态度是“和平未到绝望，决不放弃和平；牺牲未到最后关头，决不轻言牺牲。”蒋介石七月十七日在庐山会议上发表了公开演说，申明上述立场。这等于向日本人宣布，我们是随时准备妥协的，请高抬贵手，不要把我们逼上梁山。

不管庐山上的“要人”们怎么说，在西苑兵营里，我们的刺刀和枪口还是对准着模拟日本军国主义者的稻草人。我们这些“丘九”们跟两年前已经大不一样，再不是手无寸铁，而是武装起来了，虽然是很简陋的武装——汉阳造的七九步枪、刺刀和几十发子弹。

根据今井武夫和齐爕元代表日中双方签订的《停战协定》，以冯治安为师长的三十七师和以赵登禹为师长的一百三十二师调防，由一百三十二师进驻北平。赵登禹在日本人的心目中是个稳健的、容易欺负的老好人。他当时绝对不会预料到，仅仅在十多天之后，他就丧命在日本人的枪炮下。至于学生集训总队是武装的抗日组织，当然要在取缔之列。“卢沟桥事变”以来一直躲避在山东老家的宋哲元，那时突然返任了。他在七月十八日亲自到天津向新到任的日本天津驻军司令官香月清司中将赔礼道歉（香月的前任田代中将已于七月十六日病故），十九日回到北平，第一件事就是下令拆除北平城内外的一切防御工事，驻在城内的二十九军部队也开始撤出了一部分；二十一日，下令解散学生集训总队，勒令我们缴出全部武器。同时在北平全市贴出所谓“安民告示，宣称“卢沟桥事变”“事属局部地区问题，业已和平解决，望同胞安心，切勿轻信谣言”。

学生集训总队解散前，由副总队长何基沣发表“告别式”讲话。他满腔悲愤，涕泪交流，主要是向我们表白他的爱国宿愿，和这次忍痛执行上峰命令、解散学生集训队的不得已苦衷。他认为，中日战争看来是无法避免的，希望不久的将来跟大家在抗日战场上再见。在场的二十九军官兵和学生，大部分人都感动得直掉泪。在国民党的将领中，像何基沣这样的爱国军人毕竟是不可多得的。

我回到清华大学，喝了一斤黄酒，就蒙着头大睡。我忍受不了那满腔悲愤，认为抗战抗不起来，一切都完了；华北继着东北之后，快要拱手奉送给日本人。我的入党介绍人何维登同志跑来安慰我，说局势并不如我想象的那么悲观，仗终归是会打起来的，我们接受了一个多月军事训练，并没有白费，至少学会了打枪和刺杀的基本动作，将来总会用得着的。

我觉得，何维登是一个过分乐观的人，但他的话也不见得完全没有根据。从一切迹象看来，尽管宋哲元多方委曲求全，日军方面还是步步进逼，增援部队源源入关，集结在天津至北平一线，前方小规模的武装冲突仍然不断发生。最重要的是，中日双方的武装部队似乎都已经作出了不惜一战的决定，大战的爆发只是时间迟早问题罢了。

局势的发展比我们的预料还要快得多，不到一个星期，大战就爆发了。从二十八日午夜零时开始，日军对南苑兵营发动攻击，重炮声和机枪声持续了几个小时之久。天亮后不久，日本空军对西苑兵营轮番轰炸，把营房和附近的建筑物炸成一片瓦砾，假如学生集训队没有解散的话，我们恐怕也很难幸免。二十九军副军长佟麟阁和一百三十二师师长赵登禹都是在南苑战役中阵亡的，一百三十二师几乎全军覆没。宋哲元命令三十八师师长兼天津市市长张自忠暂时代理他的“冀察政务委员会委员长”职务，留下来跟日军“继续交涉”，他自己却率领冯治安、秦德纯、张维藩等“要员”从西直门逃出北平。二十九军在宋哲元的“不战不和，不降不走”政策下，断送了上万名官兵的生命，日军只付出极少数伤亡的代价，几乎兵不血刃地占领了北平城。只是由于驻通州的保安队在平时与我党早有联系的第一总队指挥官张庆余、第二总队指挥官张砚田领导下发动武装起义，袭击冀东伪政府的长官公署，当场歼灭特务机关长细木繁中佐以下的日本人二百六十多名，还俘获了著名的大汉奸殷汝耕，可惜在突围战斗中被他逃脱了。

鉴于日本陆、空军已向南苑、西苑发动进攻，严密封锁永定河沿岸，困守在清华园里的我们无法通过封锁线向西南方向突围，地下党和民先大队部临时决定，让同学们分散入城，暂时隐蔽，待机南下。当时公共汽车、校车、火车已经全部停开，我用挎包背上几件换洗衣服和盥洗用具，骑着自行车进城，沿途经过海淀、黄庄、白石桥一带，居民早已逃散。路旁的水沟和田野躺满了二十九军阵亡将士和被流弹打死的老百姓的尸体，紫竹院附近的小溪流全部给鲜血染红了，一片战场上的荒凉景象，十分凄惨。西直门是洞开着的，守卫城门的是临时维持治安的保安队，而不是日军，因此我没有经过什么盘查就进城了。进城后，我按地址去找过几家平时熟悉的亲友，都已人去楼空，当时我的处境真是举目无亲、走投无路了。我记起了住在宣武门内国会街的黄宛同学（他后来成为一个著名的心脏病专家）的住址，就前去投靠他。他的母亲是大陆银行的经理，算是北平社会上的知名人士，像这样的大户人家当然是比较保险的。谁也不会怀疑他们会窝藏共产党和危险人物。当时黄宛不是党、团员，也不是民先队队员，他大概是知道我的政治面貌的，但仍然冒着极大风险收留了我，全家都对我表示热烈欢迎，这种患难与共、舍己救人的革命情谊是非常值得珍贵的。在三十年代中叶，又是在沦陷区，一个以银行经理为女主人的家庭，在战乱中竟肯以身家性命作为代价，来庇护一个爱国青年，更确切地说，一个政治亡命者。我从这次经历中得出这样一个结论：在哪一个阶层里都会有好人，正如高尔基所说的，在乌鸦群里有时也有白鸦的，这恐怕不能算是“人性论”吧！

当时，我们有时还能在骑河楼的清华同学会碰碰头，跟党组织保持着一定的联系，听到一些消息和指示。八月中旬，北宁铁路的平津段开始恢复通车。按照地下党组织的决定，凡是家庭不在北平而政治面目比较暴露的同学必须尽快离开北平。第一个目的地是天津租界，然后待机乘船南下，到南京或武汉集中，再定去向。

北平距离天津只有一百三十七公里，按照一般火车运行的速度，大约四个小时就可以到达。当时每天只开出一列火车，车票很难买到，而且一般要走十二个小时以上。日本宪兵队在天津终点站要检查所有的旅客，任何人的面容和举止只要稍涉嫌疑，表现出他可能是军人、大学生，或者是抗日分子，就会马上被扣留下来，严刑审讯。刚巧黄宛有一个姓凌的亲戚是在天津租界里开烟叶店的，他来北平收账，因战争影响滞留下来，算盘、旧账簿和商店图章等等一应俱全。黄宛一家让我冒充他的小伙计，这是最安全的身份。当然，我得马上学会打算盘和一些做烟叶买卖的行话。

计议既定，在八月十三日，也就是上海战争爆发的那一天，我们就乘火车离开北平了。车厢里挤得水泄不通，乘客几乎全部都是忧心忡忡的“难民”，连上厕所也很困难，得跨过十多个人的身上。当天晚上八点多钟我们才抵达天津。车站上警卫森严，围上了铁丝网，只剩下一个出口，每个人出站时都要经过日本宪兵队和便衣特务的严格检查和盘问。幸亏我的旅伴凌老板具有无懈可击的证明，总算顺利通过了。我看见有几十个男女青年给扣留下来，等待着这些人的肯定是十分悲惨的命运，即使不很快被处决，也至少会受到酷刑拷打。

我们出了车站，走到横跨华界和租界的万国桥，时间已经超过了晚上十点钟，戒严开始了，守卫在桥头的外国巡捕禁止行人过桥，我们只好在桥头露宿了一夜。这一夜我们当然是无法入睡的，但总算逃出了鬼门关，心情稍为平静了一些。那位凌老板歪着头向我傻笑，他当然不知道，我是一个“危险人物”，可能连累他，甚至会给他带来生命危险。

过了租界，街道上拥挤着成千上万的“难民”，熟悉的脸孔越来越多了。天津这个城市本身就是日本特务机关经营了多年的“基地”，这时候，他们更是迫不及待地张牙舞爪，政治性的绑架、暗杀案件接二连三地发生。因此，我们碰到熟人也不敢公开接近，只有点点头打个招呼，或者用眼色示意。我们都等候着开到南方去的轮船，但开航的外国轮船只有寥寥几艘，多半是由货轮改装成的客轮，船票的黑市价钱越来越高，而且很不容易弄到。通过凌老板的帮忙，我总算弄到了一张怡和公司“恒生号”轮船的统舱客票。说起来也凑巧，这条船我是乘搭过的，那位华人“总管”还认得我，他对我特别照顾，在挤满了人的甲板上给我找到一个有帆布遮头的不受到日晒雨淋的地方。

上船后没有多久，我就在人丛中认出了陶家淦同学，我把他拉到一起，共同享受这块有帆布遮头的甲板。他在船上一再问我，是 plus（加）还是 minus（减）（这是清华学生特有的暗语，管党员叫 plus，非党群众叫 minus），又瞎猜谁是 plus，谁是 minus，我一律笑而不答。不过，我可以肯定他是 minus，在那种时候，那个场合，假如他是 plus 的话，绝对不会谈论这种问题的。

我的船票是买到上海的，开船前就宣布，轮船在威海卫、烟台、青岛各停泊一天，装卸货物。到烟台那天，“总管”对全体乘客宣布，由于战争的影响，轮船不打算在上海停泊了，离开青岛后就直开香港。愿意去香港的乘客可以补票，愿意在青岛登岸转乘火车去南京、上海的，也悉听尊便，可以领回部分船费。

我和陶家淦都在青岛登岸，这个滨海城市美极了，恬静得出奇。在仲夏季节，青岛通常都挤满了度假日的人群，可是那一年，长长的雪白色的汇泉海浴场沙滩上只有十多个外国籍的游泳爱好者。我们住的那家旅馆，老板已经逃跑了，只剩下一个守门的老头儿，他听说我们是从北平逃难出来的学生，没有收房租，让我们随便付点酒钱就算了。眼看到这个美丽的、可爱的城市正在准备迎接血和火的洗礼、敌人残暴的占领和劫掠，而在我们这一方，不设防、不驻军、不作任何应战的准备，只有五百名警察在“维持秩序”，我不由得感到一阵强烈的痛苦，仿佛眼看到一个美丽的、毫无抵抗能力的女孩子即将落入强盗的手中。

我们毫无游览和海浴的兴趣，第三天就坐上了不时受到日本飞机轰炸和扫射的火车，离开青岛取道济南到南京去。陶家淦有一位在南京政府当中级官员的舅舅，我们好歹可以在南京找到一个落脚点。

我所知道的“卢沟桥事变”

张闻达

“九一八”事变后，第二十九军长城抗日的事迹，激励着全国人民要求抗日的决心。一九三六年春节，宋哲元回原籍山东乐陵县扫墓，暂时避一避在北平的困难处境，并约定韩复榘在乐陵城南后颜家村共商对日策略。

当时我在乐陵做小学教师，想出去从军。一天宋哲元的族人宋金铭便带我去后颜家村，他领我进了一所土房小院，这是宋哲元的诞生地。在土房北屋东间里，叫我见过宋母、宋哲元和夫人常淑清。宋母问了我家里的一些情况后，宋哲元接着对我说：“二十九军是要和日本人打仗的，你要出去当兵的事，和一家人商量好了吗？”我作了肯定的回答。宋喊进王副官领我去吃饭，并约定了一同走的时间。

那天我还看到宋哲元和韩复榘穿着长袍马褂，同在村子里散步。宋笑着和周围的乡亲们说：“咱们的韩主席武术很好，请他表演一下好不好？”韩在大家的欢呼声中谦虚了一番，便认真地打了一套拳。

一天吃过早饭，王副官叫我乘上一辆大客车，里边都是初离家乡去当兵的青年，当晚在天津住了一宿，次日经过通县到达北平。我们被安排在丰盛胡同第二十九军办事处。处长发下红格纸，叫每人写一篇自传交上，这时，报上早就登载殷汝耕在通县投降日本的悄息，而我们经过通县时，竟然没被截留，使我感到事情的复杂性。

一天晚上，我们被领到武衣库街宋哲元家，二十多个青年在会客室地毯上排成双行。宋哲元坐在对面的大沙发上，一一点了名，并在各人写的自传上批字。次日，我被送到南苑，交给二十九军参谋长张樾亭和秘书长周代护。从此，我就在秘书处第二课工作，每天阅读收发的文件，摘要登记。于是，我写信辞去了乐陵第一小学教师的工作。

在南苑土围墙里有十几座营房，中间是大操场，西面是中日合办的航空公司，常有飞机起落。我想，日本侵略者在这座军营里活动是个隐患。我抽空就去看兵操。东面骑兵司令部的屋外，一群肥壮的蒙古马，正在按毛色分队操练。骑兵们身材高大又健壮，真是“人强马壮”。我最喜欢看整个操场上那整齐的步兵队伍，舞弄着成套的劈刀、刺枪。队伍纪律好，武功好，精神充沛，军威雄壮，使人感到抗日有力量。但是，由于《塘沽协定》和不抵抗主义的阻扰，日军在平津肆意活动，进行军事演习，我们竟不能予以制止！

有一天，南苑大操场上集合了附近的驻军，宋哲元穿着灰布军衣，站在中间的土台上向大家讲话，那时没有扩音器，宋环顾着队伍，拉长了声音问："弟兄们，知道日本侵略中国吗？"队伍齐声高喊："知道！"宋又提高嗓门问："弟兄们愿意当亡国奴吗？"队伍高喊："誓死不做亡国奴！"宋要求官兵练好本领，随时准备投入战斗。第二十九军军部在南苑成立了大学生训练班，使一部分官兵及将领通过学习、整训，坚定了抗日的决心。

"九一八"事件发生了！日军占领了丰台（南苑西北二十一华里），控制了北宁铁路（今京哈线）和平汉铁路。一九三六年冬，日军又要在卢沟桥（丰台西约七华里永定河上）附近买地，建立军事据点，和丰台据点相呼应，并控制铁路线，作为下一步侵略中国的基地，并监视我第二十九军的行动。这项侵略企图，遭到广大群众和冀察当局的抵制。接着，日军无理要求二十九军撤出南苑、西苑、长辛店和卢沟桥，又遭到二十九军的拒绝。

一九三七年七月，三十七师师长兼河北省主席冯治安呈报：七月七日晚十时，日军一个中队夜间在卢沟桥附近演习，借口失踪一名日兵，要求进入宛平城内搜查，并悍然开枪示威。我守军一一〇旅二一九团金振中营和宛平专员兼县长王冷斋拒绝了日军的无理要求。我方派警察和保安队代为寻找，结果根本并无日兵失踪之事。

我方代表至日本特务机关向松井提出交涉，日方称“失踪”的日兵已归队，却又要求调查日兵失踪的原因，此时我方代表得知丰台日军数百人已向卢沟桥开去。此时，日驻军联队长牟田口通知我方代表到日兵营协商。在日兵营谈判时，我方代表驳斥了牟田口的先处理后调查的无理要求，最后决定由双方派代表联合进行调查。此时见有八辆卡车满载日军约三百人向卢沟桥开去。

宛平城东北的沙岗，到处伏卧着日军。日本特务机关辅佐官寺平截住我前往谈判的代表，并指挥枪炮对准着，胁迫我代表下令将守军撤出宛平城外，让日军进入宛平城内再进行谈判。我方代表怒斥其违约，并指出一切后果由日军负责。寺平见威胁不成，只得放代表们进城。这时已是七月八日黎明。双方代表刚进屋，城外突然枪声密集，子弹飞过屋顶。日军炮轰宛平城，我军奋起还击，在对战中双方都有死伤。南苑可以听到炮声。

七月八日午后，牟田口又提出双方军队后撤，宛平城内的居民退出城外。我方拒绝了日方无理要求。傍晚，日军又炮轰宛平城三个小时，我军予以猛烈还击，金振中营长受伤。

冯治安师何基沣旅长亲率一一〇旅从西苑开到八宝山，

向王界店、大井村方面截断日军后路。满腔怒火的我军，个个奋勇杀敌，战斗十分激烈，一举消灭了大部分日军，残敌从回龙庙及刘庄一带溃退。午夜，我军又夜袭铁路桥附近日军，大刀队发挥了夜战威力，几乎将其全部歼灭。

七月九日午夜后，冯治安和秦德纯与日方协定三条，双方停火；日军撤回丰台，我军撤往卢沟桥以西；宛平城防由石友三保安队三百人接替金振中营。但清晨日军又向宛平发炮百多发，我方质问时，日方诡辩为掩护撤退。

我保安队开往宛平途中，在大井村遭到从沙岗赶来的日军的截击。我军死一兵，伤数人。双方又谈判，决定双方共同派人监视撤兵。冀察绥靖公署参谋周思靖（后来当了伪天津警察局长）和中岛顾问负责监视撤退大井村、五里店及沙岗一带的军队；另一组监视撤退回龙庙及铁桥一带军队。我方按照协定都照办了，但是中岛和周思靖监视的沙岗日军尚有三百人，并未撤退，有的是去而复返。周思靖借故早已去了北平。我方婉言请中岛认真监撤沙岗日军，而沙岗日军始终未撤，且于七月十日凌晨又攻宛平。

七月十日晨，双方代表都到北平市长秦德纯宅谈判。秦问日军为什么不撤出沙岗，日方说是为了寻找两日尸。秦德纯说，这好办，我们派人替你们找，但日军一定要撤出沙岗高地。日方代表见阴谋败露，借口到另一屋商量，悄悄逃走了，这是事态骤变的信号，接着，各方面向二十九军军部报告了许多重要军情：日军从榆关（临榆县山海关）沿北宁路经过天津向北平开来；日军从海口沿海河开来；日军从古北口开来；日军从通县开来。日军配有飞机、大炮、坦克、铁甲车向丰台集中，占领了大井村、五里店。日军所谓搜寻一兵、两厂等等，实际上全是骗局，是侵略计划的一部分。

冀察当局在谈判中重新部署了兵力。由于谈判正在进行，从十二日到二十日，双方部队只有断续的小战斗，二十九军一三二师从河间调到南苑一带，充实了北平防务。

宋哲元回原籍山东省乐陵县躲避日本和亲日分子的威逼困境，见形势危急，从乐陵回到天津，于七月十八日到日本驻屯军司令部同香月司令进行谈判，当然毫无结果，沙岗日军也未撤退。七月二十日下午，日军炮轰宛平城及长辛店，两地变成一片瓦砾，死伤很多军民，我军猛烈反击，驻守宛平和卢沟桥的团长吉星文包裹了伤口，继续指挥作战，始终不退。驻守宛平的保安大队长孙培武也受了伤。

七月二十五日，日军乘三十七师和一三二师换防之际，突然占领了团河（南苑西南十华里）。

二十五日下午，从天津开到廊坊（南苑东南八十华里）的日军，遭到二十九军三十八师刘振山旅的堵截。二十六日零时后，日军用机枪、铁甲车冲击，刘振山旅予以迎头痛击。日军以此为借口，通牒宋哲元：卢沟桥及八宝山的冯治安部队必须于二十七日正午撤退到长辛店；北平城内及西苑的冯治安部队同时要撤往平汉路以北区城，至二十八日要撤到永定河以西地带，尔后，再撤到保定附近。日军得寸进尺疯狂的侵略野心，激起了二十九军官兵和全国人民的无比愤怒。

七月二十六日上午九时，在一阵密集枪声中，窜来一队日本骑兵，窥探南苑，被我警戒阵地打死一个，其余逃窜了，南苑将成为战场，军部非战斗人员奉命立即撤往北平居仁堂。我带了收发文簿和随身衣物，到军部北门外上了小火车。一架日机，在上空盘旋侦察。三十八师约一个营的步兵，跑步向西北去增援，和我们一同出了围子北门。小火车到了大红门，这里，以小铁道和东西大道为圆心，用沙袋围成一个很大的圆形阵地。从北平来的很多男女学生、工人和教师，正在亲切地慰问守军。他们把毛巾、点心，切好的西瓜等，送到每个官兵手里。我们在永定门换乘大卡车到了居仁堂，参谋处住在楼下，秘书处住二楼。从南苑尾随来的那架日机，跟踪到居仁堂上空，转了一圈才飞去。

七月二十六日傍晚，北平郊区日军强行进城。二十九军与敌人展开了激烈的巷战。由于灯火管制，居仁堂门窗上都挂着帘子，办公的桌上点着蜡烛。北平的东郊、西郊和南郊彻夜枪声密集，楼上听得特别清楚，我从睡梦中多次被惊醒。

七月二十七日，二十九军部署就绪，宋哲元下令全线痛击日军。北平郊外部队向日军各据点猛烈反攻，战斗十分激烈。

七月二十八日，宋哲元又下令全线总攻击，任命一三二师师长赵登禹为南苑守军总指挥，指挥部设于北门里三十八师师部营房。并令三十八师董升堂部袭击丰台日军老窝，大刀队又发挥了强大的近战威力，砍杀了大量日军。这天三十七师冯治安部队从卢沟桥、八宝山一带出击，击溃五里店、大井村附近日军，残敌向丰台方向溃逃，三十七师节节胜利，官兵决心把丰台日军老窝毁掉。这天拂晓，日机二十多架，兜着圈子轮番轰炸南苑我炮兵阵地和营房内外各阵地。日军炮兵群对准飞机指示的目标猛轰。南苑地区战斗激烈，枪声密集。这一天，北平东南、西南、正南到处激战。南苑是日军进攻的重点，我方不利的消息，接连传来。

二十九军副军长佟麟阁，在军部营房附近来回指挥作战时，中弹殉国。军官团、军官教导团、军事训练团、军部特务团以及三十八师、一三二师在南苑内外的阵地，激战终日，伤亡很重，营房变成一片瓦砾。日军从东南角突破，守军据断垣残壁堵击，超越大操场的敌人。日军扑入总指挥部营房，副官拉着赵登禹一起撤退，在大红门和日军遭遇，赵登禹也不幸牺牲。

时局急剧变化，军事上遭失利，形势危急。宋哲元，秦德纯等于二十八日晚到保定指挥作战。临行前手谕三十八师师长兼天津市长张自忠继任北平市长兼冀察政务委员会委员长，李文田任天津市长兼天津市保安部队司令。晚上十时，住在居仁堂的军部人员，除个别被指定留下听从张自忠安排外，全部经门头沟到保定集结。这时，从北边一个胡同里跑步出来约一个步兵营，和我们一齐出了西直门。他们是去增援郊区战斗的。

西直门外火车站停着一列最后开往门头沟的撤退居民的铁闷车。车厢都关闭着铁门，一个乡亲把我从铁窗口拉进去，里边铁板上已经坐满了男女老少。火车开动后，大家松了一口气。

门头沟到处是南撤的人马车辆，车灯照得山野很亮。同乡把我拉上一辆挤满了人的大卡车上，司机运送弹药、食品，已经许多昼夜睡不足，现在离开战场开车，直打盹儿，过了大灰厂，行进中撞上了停在路旁装满弹药的卡车后尾，把弹药车顶到玉米地去了。下边当地的乡亲高喊："弟兄们下车吃西瓜吧！你们的车坏了，司机也受伤了，这里是良乡。"大家下车买了些西瓜吃，换乘另一辆卡车一直开到保定公园。忽然拉起空袭警报，几架日机窜到保定轰炸扫射火车站，炸中了弹药车，弹药爆炸了很久。

二十九军在保定改编为第一集团军，宋哲元任总司令，下属五十九军，给张自忠留着军长（缺），七十七军军长冯治安，六十八军军长刘汝明，我被编到七十七军秘书处工作。宋哲元虽然离开了北平，但天津各地的二十九军部队都继续进行着激烈的战斗。冯治安还在卢沟桥前线指挥作战。

日军向门头沟方面出动，对北平形成了包围形势。北平城内守军势单力孤，退出城外，待机反攻。北苑二十九军独立三十九旅，由旅长阮玄武率领向南口方面撤退待命。七月二十九日，卢沟桥、宛平、长辛店的三十七师部队，在重大牺牲后，撤往涿州、良乡一带布防备战。七月二十九日，天津日军相继出动，与刘家鸾指挥的保安队激战终日，入夜始渐平静，但二十九日日机对天津各地疯狂轰炸，炸毁了南开大学，守军牺牲亦重，市民被炸死两千多人，当夜守军撤往静海一带，北平、天津均先后陷落。

七十七军军部人员在保定休息两天，坐火车到石家庄，向东步行，转乘木船到达被大水包围着的河间城内中学，前线仍在激战。军部人员又从河间坐船到泊头南五里运河东岸外的小村，乡亲们帮助缝洗衣服。沧州一带的战壕成了水沟，在日军陆空联合进攻下，我官兵英勇战斗，虽然腿脚被水浸泡得肿胀溃疡了，但是大家战斗情绪仍很高，都决心誓死保卫祖国，使侵略军每前进一步，都要付出重大的代价。

中秋节日，军民都忙着准备应战。晴朗的天空中窜来一群日机，在泊头上空转着圈子轰炸扫射。七十七军的高射炮手瞄准敌机，打中了它一架，尾巴拖着浓烟栽下来，从机舱里滚出几个黑影，都摔死在泊头东边的玉米地里。愤怒的人群，拿着刀、棍从四面八方呼喊着包围上去。乡亲们解恨地说：“高射炮手打得太好了！”

“七七”事变回忆

徐逸樵

“七七”事变发生的时候．我正在从欧洲返国的途中，7 月 8 日我所乘坐的英国船停靠在孟买码头，我因钢笔遗失多感不便，便上岸去买钢笔。那时巴基斯坦人尚未与印度人分离，但是宗教矛盾、民族矛盾已十分激烈。在我选好钢笔正准备付钱时，店门外的大街上忽然间一片混战，店主人不容分说地将我赶了出来，我下意识地握着不花钱的钢笔，小心翼翼避开混战的人们，匆匆返回船上。这时在我舱里的书桌上已摆了两纸电文，一是北平路透社的消息：7 月 7 日北平发生“卢沟桥事变”；一是来自伦敦的评论：中日之间的战争将要长期打下去。我马上意识到，这两则消息对我们中国意味着什么。

日本帝国主义霸占中国的野心，早已有之。还在我求学于日本的时候，就深深感到，日本政府及一些日本人对我们中华民族的蔑视和瞧不起。个人荣辱与国家强弱连在一起，且自卫之心人皆有之。从此，我便抱着不相信日本的态度，审视着中日关系中哪怕是极微妙的变化。30 年代初，日本帝国主义发动“九一八”事变，强占了我国东北三省，我和我的留日同仁们一致认为，占领东三省远不是日本的目的；要想不做亡国奴，也远远不限于东三省的人民。于是我们发起了日本研究会，创办了《日本评论》，后来又出版了《中国新论》等刊物，向我国人民介绍时局变化，揭露日本的侵略面目，以激起人们对日本帝国主义侵华行径的警觉。果不出我们所料，日本帝国主义的侵华步伐以加速度行进着，短短的六年时间，便将战火引向华北以至整个中国。我归心似箭，恨不得马上投身到抗日战争中去。

从孟买经过香港到上海已是十几天以后了，候在码头上迎接我的，有我的夫人，有老朋友察叔厚，还有教育部总务司司长雷震。我对老雷讲：“你这么客气做什么？”他说：“我不是客气。日本人在华北开战后，平津等地的学生纷纷来到南京，其中有毕业的，也有在校的，有大学里的，也有高中生；有要求抗日的，有向政府要事情做的，也有希望继续读书的。部长（王世杰）请你马上回去。”这样我就赶到南京，去招呼学生。上海失陷后，上海甚至武汉等地的学生都来找南京教育部，学生人数 2 万多。其时南京的形势也十分紧张，留在南京似乎已没有什么必要，我决定到军队中去。

平型关大捷向人们展示了共产党领导的人民军队的力量，汤恩伯从南口经晋北撤回南京后，也想用共产党人的办法治理军队。他来找我，请我帮他办一个军政干部训练班。我同意了。我交待完教育部的工作，便选了一批学生来到许昌。

汤恩伯亲自挂帅做训练班的主任，蔡剑鸣做教育长，我做总教官。训练班的任务主要是为二十军团训练军政干部，同时进行瓦解日军的宣传工作。由于学员们都是青年人，抗战热情很高，我带领他们学习理论、演习军事，对付日本刺探。我还和学生们一起做了许多宣传品。宣传品是用日语书写的，印刷在五彩的道林纸上，加上一些从第三厅郭沫若处运来的宣传品，由学员们偷偷地送到日本人的军队里。

台儿庄战役打胜后，汤恩伯从前线打电报来叫我去。两人一见面，他就先向我道喜。原来他的部下从俘虏的日本兵的衣袋里，翻出了训练班散发的宣传品。由此他认定台儿庄一战的胜利，我也是很有功的，并且把这件事汇报到蒋介石那里。没过多久，我受到蒋介石的召见。

记得是汤恩伯陪我去的。召见的时间很短，蒋介石称赞了几句，随即批了条子“任命徐逸樵同志为第三十一集团军政治部主任”（二十军团后改编为三十一集团军），并嘱我造一个人员编制及经费开支计划报上去，对我来说，这无疑来得有些突然。我不要说没有这方面的经验，连精神准备也没有。汤恩伯却是很高兴，对我说，一切由他去办。结果编制造得很大，预算每月近10万元。这份计划送到总政治部主任陈诚那里，以后就没有下文了。

集团军的政治部主任是中将军阶，而各师的政训处长都是黄埔三、四期的毕业生，至少也是少将，对我自有不服，工作不好做，加上经费又始终没批下来，我很是气恼。汤恩伯出钱帮忙维持了三四个月，这时日本人已开始了对武汉的围攻，汤恩伯的军队调到武汉东面的大冶、阳新一带，我从前线回到武汉，亲自去找陈诚（陈又是第九战区司令，负责大武汉的保卫）。陈诚说不知道有这回事情。我一听就火了，对他说："作为部长，你可以不知道的吗？"我也不管他尴尬不尴尬，对他说，我不干了。陈诚说："逸樵同志，军队里是不准辞职的。"我说："军队里有开小差，我就开小差好了。"

帮汤恩伯，有时帮帮蒋鼎文，但从事的工作总离不开培训军政干部和主办宣传这两项。我当时的想法就是一个：要战胜日本帝国主义，中国的军队必须提高素质，严明纪律，加强战斗力。然而，最终我失望了。于胜利前夕，最后离开了军队。

卢沟烽烟，“七七”事变

鲁　威

1937年的暑期，在我想象中本该是个轻松愉快的假期。因为初中毕业了，已没有什么假期的作业可言。根据学校的规定，初中应届毕业生中结业成绩优秀的学生，只要愿意求学的，可不必再经考试，有 班的名次是留给本校初中应届毕业生直接升入本校高中的。我的期末考试应该说是属于优秀之列，升入本校高中是勿庸多虑的。家中又添了爸爸和三哥也不感到寂寞。大哥七月五号的早上又意外地自淮南归来。他自称是在结束了淮南煤矿“洞山”井的营造建成后将转赴山西大同去应聘新的工作。实际上是他早已转去了大同。而这次是应一家私营矿业公司的聘约之后为开掘一座新的矿井来北平办理购置开采矿井所需机械设备而来的。之所以谎称是转去大同是为了在北平可以有一段随意停留的时间而随口应付家里人的。

不料来家不过两天，于七月七日的夜晚，却听到远处传来隐隐的恍若雷声的响动，加上似若时松时紧的鞭炮声，自己因睡得很熟，没有什么异感。妈妈早上醒来后倒和爸爸议论起“是什么地方又有新的铺子开张，这么半夜三更的就闹起了响动？”

过惯了宁静日子的北平市民百姓，虽然处于几年来的长城烽火，察北之役，加上华北政务委员会的成立，冀东二十二县的自治名目繁多，华北各地已是面临多事之秋，但只要不影响到家门口的平静生活，谁又会去过问那些属于政府部门的国事问题呢？更何曾料到日本帝国主义自田中奏折之后，觊觎中国领土的狼子野心蓄谋已久，在“双十二”之后，眼看国共合作之形成，中华民族同仇敌忾的决心抗击日寇的舆论日益高涨，竟时不我待地于一九三七年七月七日的午夜借口军事演习之机以丢失一名日军为名坚欲进入宛平城，企图胁迫我驻守的二十九军撤离防务，一举占领进入北平城的咽喉要道。他哪里想到今日之二十九军已非当年北大营东北军遭受“不抵抗命令”之驱使以致东北沦丧的不战而降。我二十九军宋哲元部曾于长城之战后与小鬼子几经较量，官兵上下早已是义愤填膺，按捺不住心头的怒火，怎容得日寇如此猖狂的挑衅行为，坚拒其借口搜索要进宛平城的要求。卢沟桥畔防务工事里，战士健儿们背上大刀的铁环已在索索作响；人人无不跃跃欲试，单等号令一声，即誓与来敌一决雌雄。

日方一声枪响之后，从此掀起了“七七事变”八年抗日战争浴血奋战的历史篇章。

早上各报的第一版皆以一号大字标示着“日军挑衅卢沟桥畔假军演之名进攻我军防务，遭我守军击退。”“二十九军官兵上下誓与阵地共存亡。”当天的报纸几乎被抢购一空，各种号外满城飞舞。街头巷尾议论纷纷，但市面尚属平静。时未两日时而传来中日双方派员协商，时而又传来“日军袭战丰台，吉星文团长壮烈殉国。城门关闭，街头上进城卖菜的小贩少了，菜价显涨。母亲担心家中的粮食是否会因打仗而短缺，父母商议是否屯积一点，以防战事一起，闹起粮荒。而我们院子里的孩子们是不关心这些生活日需琐碎事物的，凑在一起议论起来，反正学校已经停课，要去城门口一同看看那些军警的装扮，打起仗来，到底是个什么样子。想起早些日子，每上学去遇到操练回营时而走过街头的队伍，整齐的行列，背上一面大刀，刀柄上飘舞着的红绸子刀穗，齐唱着“三国战将勇，首推赵子龙，长坂坡前逞英雄。”那首一听就会的军歌，煞是威风。这回打起仗来，真不知道将是个什么样子！因为自幼就喜欢看那些武侠小说，很羡慕那些拿刀弄枪、行侠仗义的英雄好汉们。这会儿在家门口上真要和日本鬼子干起来了，恨不得自己也参加队伍，和那些官兵们一同共试身手。和留北平已无法西去的大哥议论起来“东北三省沦丧后的情况”，大哥却只是说：“且相安勿躁，看看情况如何发展再说。”少不了也问及东北的马占山将军带领东北义勇军在北满一带如何抗击日本鬼子的事迹（因为那时只知道有个马占山在东北抗日）。甚至说起日本人真要是占了北平，北平西面不是有座西山吗，咱们是否也可以组织起义勇军，到西山上去和日本兵转悠着打游击！

十一号住宅的院子里没有什么动静，只是发现平日和我很要好的何家大少爷何善甄却是不见了，问起何家的老二他也说不清，过去我只晓得何善甄是天津利生公司驻京办事处的一名职员。何家一家的生活是要靠他来支持的。利生公司是天津有名的民族工业，从事经营地毯织造出口以及制碱工业。何善甄时而往返平津，但战事一起却再也没在院子里出现过。何太太也说卢沟炮声之前他即已好久没有回家来了，因为事情和自己关联不大也就不太在意。

这段时间在家里呆得实在无聊，每天没事干，无非看看报纸，听听无线电收音机的广播，了解了解战事发展和时局如何的时事消息。但是时而传来“关麟徵率部坚守平津誓与平津共存亡！”偶而又传出“赵登禹师长与敌血战壮烈殉国”的噩耗。渐渐地似乎枪声已在京郊平息，而隆隆的炮声也愈响愈远了。不久关麟徵奉命兼任市长，一会儿又是秦德纯上马，一会儿又是王辑唐，看来战事发展对我不利，平汉铁路交通早已运行不通，而北宁一线却是日本军队自关外源源不断开进平津。不久传来，二十九军也奉命南撤，北平城的城门口已是换成日本兵的岗哨，继而传来万福麟的五十三军也弃守保定，率部南逃。北平报纸上的口气也变了！时不几日，天安门上空竟然飘起了“庆祝保定陷落”的气球。

这座历称中华文化古都的北平城，虽然未经战火洗劫，街上的百姓们依然若无其事地徒步街头，但默默中已是国土沦丧，政权易人，“亡国奴”的帽子要戴定了！

接着，天安门前上空不断飘起“庆祝正定陷落”“庆祝石家庄陷落”。看来，国军在节节败退，战线是在不断地南移！胜利已是无望！战事究竟如何结局？院子里的议论已经是从希望、盼望，到失望、无望几称绝望。难道我们这样一个泱泱大国，四亿五千万的人口养着几百万的军队，就这样地完了？完了！我们莫不真的就要变成第二个东北“满洲国”？人们已经不再议论，渐渐地，渐渐地只是在偶尔眼神的交汇里问讯一下，会意地默默地移开去。九月，报纸上，广播里，五中的校门上贴出了公告：“学校遵照市府教育局决定：如期开学。”终于送走了一个百无聊赖的暑期，又开始挟着书包，朝学校的大门走去，学校里似乎没有两样，我们只是换了一个教室。英文教员不再穿着他那身显眼的西装了，而是换了一身藏青色的长衫大褂。教科书看来还是旧日的教科书，只是课堂上，教员不断地要求“把以下的几行用毛笔抹去。”“把某某页某某页的两页贴上。”“同学们，一定要听话，学校叫你们怎样做，就怎样做，免得有人来检查时找麻烦。”

开课后的第二个星期的英文课，突然上课铃声响后，进门来的不是英文教员，而是教务主任，大家以为是换了教员，却不料他只是宣布了两句“今后的英文课不上了，换成上日文课。大家要尊重日文教员。”接着出门去，领进来一个日本人（后来听说他是从日本兵的队伍里派来的。）然后说了声“起立！”大家应声而起。接着是一声“行鞠躬礼，敬礼！”然后是一声“坐下！”全班同学一一按口令动作。教务主任朝日本教员看了一眼，日本人说了声“腰希”，向教务主任点了一下头，教务主任默默地走了出去。这位日本教员在黑板上写了几个“起立”“敬礼”“坐下”歪歪扭扭的中文字，每个中文字后面是看不懂的几个日文字母。他手里拿着一根三尺长的教鞭指向“起立”中文字后面的日文字母，说了声“剋立子”，左手示意要大家起立的样子，同学们按照手势参差不齐地站了起来，刮得课桌噼里啪啦地响。他又指向了“敬礼”却只说了声“礼！”然后向大家作了个弯腰鞠躬的样子，大家自然是对北京广播电台的新闻、报纸上的消息看也看，听也听，但却是半信半疑的。而最关心的还是邮局是否已经恢复通邮了，平汉路是否恢复了通车，家乡的情况现在究竟是个什么样子。

依旧是每天老样子地背上书包上学去，但却是已无心读书。每天讲课的内容，已不是像过去那样用心记忆，朦朦胧胧，模模糊糊，完全失掉了那种学知识作学问的心情，似乎是无奈地只是重复着一种消磨时光、百无聊赖地混日子的一种方式而已。

继保定沦陷，正定沦陷，国军南逃，不战而退，椿椿噩耗传来的不久，天安门前又飘起了“庆祝石家庄沦陷”的气球。看看地图，大哥议论起来广大平原，一马平川，黄河以北，却已是无险可据，无防可守了。

“七七”事变

齐邦媛

一九三七年七月七日，卢沟桥战火扭转了近代中国的命运，也奠定我一生奋斗的态度。

战争血淋淋的大刀切断了我病弱的童年，我刚刚在碎石新铺的小学操场唱完当时已情境不符的毕业骊歌：“长亭外，古道边，芳草碧连天……”童年即遽然结束了。

中国三大火炉之一南京的夏天还没有过完，八月十五日起日机已经开始轰炸了，第一枚炸弹投在明故宫机场。

三天前，我的母亲在机场对面的中央医院分娩，生了我的小妹星媛。医院在强震中门窗俱裂，全院纷纷逃生，她抱着婴儿赤足随大家奔往地下室，得了血崩之症。两天后全院疏散，她被抬回家，只能靠止血药与死亡搏斗。

卢沟桥炮响后一个月，日本军队进入北平（天津已先沦陷）。八月十三日，由上海日租界出兵的日军发动了淞沪战争，不久苏州、无锡等城失守，京沪铁路全断，华北的日军沿津浦铁路南下，南京成为孤城；北伐完成之后，作为现代中国象征的首都南京，不得不撤退居民。

空袭警报有时早上即响起，到日落才解除。日机一批接着一批来轰炸，主要是炸浦口、铁路军事重地及政府机构。政府已开始紧急疏运人员和资料往西南走，留下的人在临时挖建的防空室办公，每天早上出门连能否平安回家都不知道。

八月间，中央将军事委员会改为抗战最高统帅部，准备全面抗战。父亲被任命为第六部秘书，部长是陈立夫。

到了九月，整个南京市已半成空城，我们住的宁海路到了十月只剩下我们一家。邻居匆忙搬走，没有关好的门窗在秋风中噼噼啪啪地响着；满街飞扬着碎纸和衣物，空气中弥漫着一种空荡的威胁。

早上，我到门口看爸爸上班去，然后骑一下自行车，但是滑行半条街就被慑人的寂静赶回家。每天天亮后警报就来，家中人多，没有防空设备，听着炸弹落下的声音，大家互相壮胆，庆幸不住在城市中心。

夜晚，我一个人睡在父母隔室。月光明亮的时候敌机也来，警报的鸣声加倍凄厉；在紧急警报一长两短的急切声后不久就听到飞机沉重地临近，接着是爆炸的炸弹与天际的火光。我独自躺在床上，听着纱窗的扣环在秋风中吱嘎吱嘎的声音，似乎看见石灰漫天撒下：撒在紫金山上中山陵走不完的石阶上，撒在玄武湖水波之间，撒在东厂街公园，撒在傅后冈街家门口的串串槐花上，撒在鼓楼小学的跷跷板上。死亡已追踪到我的窗外，撒在刚刚扎上竹棚、开满了星星似的茑萝花上。

我永远也忘不了，每天愁苦病弱的母亲，黄昏时勉强起床迎回眉头深锁的爸爸，总有再庆团圆的安慰。

父亲一向积极乐观，然而此时他必须面对的不仅有国家的难关，还有必须独力设法把南京郊外中山中学师生送到汉口再往西南走的这个难题，有家眷的同事已先往西南去了。

诗
SHI GE
歌

保卫卢沟桥

塞 克

敌人从哪里来，
把他打回哪里去！
中华民族是一个铁的集体！
我们不能失去一寸土地！
兵士战死，
有百姓来抵；
丈夫战死，
有妻子来抵！
中华民族是一个铁的集体！
我们不能失去一寸土地！
敌人从哪里来，
把他打回哪里去！

（话剧《保卫卢沟桥》主题歌歌词，1937 年作于上海，冼星海作曲）

我们要抗战

臧克家

战争是可怕的吗?
否！四万万人都眼巴着它，
一心欢喜，
欢迎着战争——
我们翻身的日子！
在和平女神的笑靥下，
我们脸上涂了一寸厚的耻辱！
为了和平，
我们绷紧的心弦，
几次地松了又松！
让大好的关山，
让肥沃的土地，

逐着后退的脚跟
陷落到敌人的手里。
东北几千万同胞，
从此被祖国推开了怀抱，
都成了可怜的孤子
撇到毒狠的继母的手底！
谁曾听到他们暗夜的哭泣？
谁曾看到他们被残害的血迹？
还有他们的呻吟
怨嗟和痛恨？
他们的心像鲜亮的小旗
向祖国遥摆，
没人应答；中原正躺在血的泊里。
东北、热河，中原御寒的外衣，
被凶恶的刀尖挑去，全不费力；
拔去了长城的篱笆，
敌人向中原撒开了马蹄。
层层剥蕉，
刀尖刺入了中华的心脏，
高抬着头，拿我们当猪宰，
眼中竟无一个中华男儿！
北平，中华文化的结晶体，

五百年坐镇北边，
一线驼铃串起漠北，
水旱大道的脉络向四方密散，
而今，敌机成队
在它的头顶怪叫，
再加上炮火开花，
毒气播送着云烟。
什么都准备个停当：
巨舰的链子锁住海口，
军队的棋子
安放到恰好的地方，
准备好了一切，
势焰吹成了气泡，
然后向我们就天要价，
要我们燕赵之地
和东北结成苦难的兄弟。
迫我们走窄道，
入死窟窿，
他好得意地笑着
又把一块肥肉塞入了口中。
干柴上点火，
（中华的人心是待燃的干柴）

敌人把我们推入了战争。
我们再不空口讲正义，
正义永远握在强者的手里，
我们要用枪炮的毒口去碰毒口，
我们要用鲜血去涂成“真理”的名字！
我们要用八万万只手
去割开敌人的心头的毒疮，
不让它再向外溃化，
我们要用四万万条身子，
筑一道防卫祖国的围墙！
活，要立起身子带响地活，
死后尸体也要交横在一起！
我们爱和平，
然而今天我们却欢迎战争！
谁不喜欢乡村的静景？
谁不爱自己温暖的家庭？
春天，绿树张伞到处迎人，
绿水绕起青山，
一片平原像贞静的处女，
专等农夫来撒下种子；
长夏，树荫下一晌午觉，
孩子们闲看蚂蚁上树，

一群苍蝇逗着黄牛，
它一劲乱摇尾巴的刷子；
秋日的峰头挂起白云，
冬天炕头上那点温存，
是美，是静，是一潭深水，
我们的家，我们的乡村！
我们的都会何尝是平凡？
谁个不知道，济南潇洒似江南？
武汉三镇在历史的叶子上响，
金陵永远在人心里放着金光，
天府的四川，成都的故事谁不知道？
长沙岳阳叫人起多少神秘的幻想！
沪渎的楼台是一天可以造成？
古长安至今还巍立着
黄帝的坟茔！
我们的乡村呵，美的化身，
决不让她任人奸淫！
古井的辘轳边决不让敌人来饮马！
决不让敌人的脚尖
踏着祖宗的坟头
把我们的河山当画图看！
我们的热炕头

不能让敌人躺在上面打鼾！

不能让妻子的手臂，

套上异种人的手腕！

不能让新的市场，历史上的都会，

打上倭奴耻辱的脚印！

不让，决不让！

除非我们全体都死亡！

我们的日子像一局棋，

若不斩断那只毒手，

我们的生命不会安全！

学者们呵！

把身子移开那一堆故纸吧！

而今的真理已不在故纸上！

诗人们呵！

请放开你们的喉咙，

除了高唱战歌，

你们的诗句将哑然无声！

围在“阿堵物”间的人们呵！

请大量地输出你的金元，

祖国如沦亡，

金钱还不像把土一样！

对对的情侣们呵！

请放开你们爱人的胳膀。
战神正唱着恋曲，
去，快去贴紧她的胸膛！
工人、农民呵，
快伸开粗大的手吧，
祖国正用着你们！
中华的好男儿，有口都狂喊
敌人的罪恶吧！
中华的好男儿！
我们要下上所有的生命
和敌人赌这次最后的输赢！

1937年7月29日午

为祖国而歌

胡　风

在黑暗里，在重压下，在侮辱中，
苦痛着，呻吟着，挣扎着，
是我的祖国，
是我的受难的祖国！

在祖国，
忍受着面色的痉挛
和呼吸的喘促，
以及茫茫的亚细亚的黑夜，
如暴风雨下的树群，
我们成长了。

为了明天，
为了抖去苦痛和侮辱的重载，
朝阳似的，
绿草似的，
生活会笑。
祖国呵，
你的儿女们，
歌唱在你的大地上面，
战斗在你的大地上面，
喋血在你的大地上面！

在卢沟桥，
在南口，
在黄浦江上，
在敌人的铁蹄所到的一切地方，
迎着枪声、炮声、炸弹的呼啸声——
祖国啊，
为了你，
为了你的勇敢的儿女们，

为了明天，
我要尽情地歌唱：
用我的感激，
我的悲愤，
我的热泪，
我的也许迸溅在你的土壤上的活血！

人说：无用的笔啊，
把它扔掉好啦。
然而，祖国啊，
就是当我拿着一把刀
或者一枝枪，
在丛山茂林中出没的时候罢，
依然要尽情地歌唱，
依然要倾听兄弟们的赤诚的歌唱——
迎着铁的风暴，
火的风暴，
血的风暴，
歌唱出郁积在心头上的仇火，

歌唱出郁积在心头上的真爱，
也歌唱盘结在你古老灵魂里的
一切死渣和污秽。
为了抖掉苦痛和侮辱的重载，
为了胜利，
为了自由而幸福的明天，
为了你呵，生我的、养我的，
教给我什么是爱，什么是恨的，
使我在爱里恨里苦痛的，
辗转于苦痛里，
但依然
能够给我希望给我力量的
我的受难的祖国！

一九三七年八月三至四日遥见敌机在南市轰炸的时候

起来，黄帝的子孙们！

任　钧

起来，黄帝的子孙们！
让我们为着打击敌人，
一齐伸出紧张的臂膀！

在悠长而灰黯的岁月里，
在敌人的铁蹄和屠刀下面，
我们的赤血
染红了太平洋，
我们的热泪
洒满了松花江、黄河、扬子江……

我们失去了父母兄弟和姊妹，
还失去了半壁河山——
三千万同胞的家乡！

在悠长而灰黯的岁月里，
在敌人的铁蹄和屠刀下面，
我们曾经一再容忍——
带着无限的屈辱和愤怒，
带着满身的血污和创伤……

可是，耻辱的退让
却使得敌人的气焰更加伸张，
广大而肥沃的土地
也使得侵略者的胃口越发强旺；
于是，我们的血流得更多，
我们的国土也就更无限制地沦亡！

如今，六年来的历史
已经替敌人
描出了赤裸裸的真相！
全面抗战的炮火
一声声传出了
全国民众的热望！
是光明还是黑暗？
是复兴还是灭亡？
是主人还是奴隶？——
这重任摆在每个同胞的肩上！

起来，黄帝的子孙们！
让我们为着民族生存，
一齐踏上决战的疆场！

一九三七年八月，上海，抗战炮声中

给战斗者

田　间

在没有灯光
没有热气的晚上，
日本强盗
来了，
从我们底
手里，
从我们底
怀抱里，
把无罪的伙伴，
关进强暴的栅栏。
他们身上
裸露着

伤疤，

他们心头

呼吸着

仇恨，

他们呼唤，

在大连，在满洲底

野营里，

让喝了酒的

吃了肉的

残忍的野兽，

用它底刀，

嬉戏着——

人民的

生命，

劳苦的

血……

一

光荣的名字

——人民！

人民呵，

站在卢沟桥
迎着狂风，
吹起冲锋号；
人民呵，
在辽阔的大地之上，
巨人似的
雄伟地站起！

二

是开始了伟大战斗的
七月，七月呵！

七月，
我们
起来了。

我们
起来了，
睁起悲忿的
眼睛呀。

我们

起来了，

揉擦红色的脚跟，

与黑色的

手指呀。

我们

起来了，

在血的广场上，

在血的沙漠上，

在血的水流上，

守望着

中部

和边疆。

经过冰雪，东方日照，

遥远地

遥远地

我们抬起头来，

呼唤着

生与幸福，

自由和解放……

七月，

我们

起来了。

嘹亮的号角，

昼夜地吹着，

吹着，

吹着；

我们一齐奔上战场，

决心消灭强盗！

我们立誓：

誓死

保卫中国。

在中国，

人民底

幼儿，

需要哺养呀，

人民底

牲群，

需要畜牧呀，

人民底

树木，

需要砍伐呀，

人民底

禾麦，

需要收获呀！

在中国，

我们怀爱着——

自己造的

麦酒，

自己种的

瓜豆。

每天，

每大，

我们

要收藏——

在自己底大地上纺织的

祖国底

白麻，

祖国底

蓝布。

在中国，

博大的泥土呵，

这是一幅

壮丽的画图；

在它的

上面，

我们的灵魂

是如此的纯朴。

我们要活着，

——在中国！

我们要活着，

——永远不朽！

三

我们是劳动者，

是伟大祖国底伟大的养子呵！

我们

曾经

在扬子江和黄河底

热燥的

水流上，

摇起

捕鱼的木船。

我们

曾经

在呼和浩特砂土与南部

草地的周围，

负起

狩猎的器具。

强壮的

少女，

曾经在亚细亚夜间篝火底

野性的

烈焰底

左右，

靠近纺车，

辛勤地

纺织着。

我们

曾经

用筋骨，用脊背，

开扩着——

粗鲁地

生活。

四

祖国，祖国呵，

枪声响了……

敌人

突破着

海岸和关卡，

从天津，

从上海。

敌人，

散布着

炸弹和毒瓦斯，

到田园，

到池沼。

敌人来了，
恶笑着，
走向
我们。

恶笑着，
扫射，
绞杀。

今天，
你将告诉我们
是战斗呢，还是屈服？
祖国，祖国呵，

五

我们
必须
战斗了，
昨天是忿怒的，
是狂呼的，
是挣扎的

四万万五千万呵！

斗争
或者死……

我们
必须
拔出敌人底刀刃，
从自己底
血管。

我们
战斗的
呼吸，
不能停止；
血肉的
行列，
不能拆散。

我们
复仇的
枪，

不能扭断。
因为我们知道
这古老的民族，
不能
屈辱地活着，
也不能
屈辱地死去。

我们一定要
高举双手，
迎接——自由！

太阳被掩盖了，
看呵，
疆土的峰火，
已成了太阳。
保垒被破坏了，
看呵，
兄弟的旗帜，
插在大路上。

光荣的名字，

——人民！

人民呵，

更顽强，

更坚韧。

六

我们

往哪里去？

在世界上

没有大地，

没有海河，

没有意志，

匍匐地

活着，

也是死呀！

今天呀，

让我们

死吧，

我们会死吗？

——不，决不会！

我们是一个巨人，
生活就要战斗，
高贵的灵魂，
宁死也不屈服，
伸出
双手来，
迎接——自由！

光荣的名字，
——人民！
人民呵！
前面就是胜利。

人民！人民！
抓出
木厂里
墙角里
泥沟里
我们底
武器，

痛击杀人犯！

人民！人民！

高高地举起

我们

被火烤的

被暴风雨淋的

被鞭子抽打的

劳动者的双手，

斗争吧！

在斗争里，

胜利

或者死……

七

在诗篇上，

战士底坟场，

会比奴隶底国家

要温暖，

要明亮。

一九三七年十二月二十四日，武昌

大家来杀鬼子兵

史　轮

达达达，机关枪
轰隆隆，大炮响，
日本鬼子兵来到我村庄，
你看那黑烟腾空强盗们多猖狂。

东邻在哭儿郎，
西邻在叫爹娘，
咱们的乡亲紧捆在大树上，
强盗们把那刺刀刺在人胸膛。

妇女们跑得慢，
满脸上是血浆，

你看那鬼子兵朝我们家里闯……
兄弟们拿起家伙赶他们出村庄！

乒乒乒，锄头拚，
咕冬冬，棍子枪，
看这些野兽们栽倒在地埃尘，
我们就去打游击，大家去杀鬼子兵！

一九三七年

七月之歌

高　兰

七月呀！
我们的第二个生日，
战斗的七月呀！
你英勇地来了，
我们是
更英勇地迎上了你呢！

古老的神话，
也许还怀念我们吧？
我们却把它遗忘了！
像遥远，遥远的
驱散了的海市云烟，
繁星且眨着忧郁的眼！

七月呀，
是生存的可歌可敬的日子，
是奴隶们反抗的永恒纪念！
不在天上
是在人间——

是我们活着的那一天
那一个地方；
是我们死了的那一天，
那一个地方；
是抗战的岁月
直到胜利的明天！
是祖国的城市山河，
直到全世界消灭了黑暗——

七月呀！
战斗的七月呀！
中华民族的心，
在你的面前，
听祖国的呼唤，
是多么
强烈的激动啊！

"七七"在留侯祠

老 舍

借着留侯——那永远年轻的志士、英才——
的殿宇，香烟霭霭，
法乐凄哀，
道士诵经，百姓祭拜；
深山里的七七，啊，抗战已经三载。
几碗素菜，
一面灵牌，
向殉国的英雄们致谢致哀！
这里，没有雄辩的天才，
激昂地道出英雄们的牺牲慷慨；
没有庄严凄丽的祭台，
教素烛鲜花放出光彩；

这里，过客与乡民，松峰与云海，
默默地对着灵牌，
只有纯诚的热泪与无言的愤慨！
七七，二载，
那小小的灵牌，
就是一片血海！
这伟大的血海，
这伟大的时代，
每一个红的浪花都是历史的光彩！
五千年的古国筋衰力败，
啊，五千年的文化可耻作奴才！
中华的灵魂喝一声：起来！
中华的儿女放下锄头，离开村寨，
挺一挺腰，紧一紧带，
道什么姓名，说什么利害；
谁没有家乡，谁没有恩爱？
一切抛开！
一切抛开！
中国人，只知道中国可爱！
要什么宣传，要什么优待，
山河可移，爱国的天性难改！
除了自由地种着田，或作点买卖，

除了子孝孙贤，朋友们和爱，
敢有什么妄想，敢把谁伤害！
我们的劳苦就是我们的愉快！
水里的稻秧，坡上的荞麦，
园里的梨枣，畦中的青菜，
驯顺的驴马，胖壮的小孩，
终年的劳苦，终身的忍耐；
只盼不愁吃喝，有些穿戴，
一两口肥猪，在腊月屠宰，
一半儿过年，一半儿出卖；
早早地完粮，早早地自在；
最好再能攒下几个钱，存下点米麦，
防备着无情的水旱天灾！
不幸，人祸像蝗虫似的飞来，
把杀人放火代替了仁孝和爱，
霸占田园，抢劫村寨，
把我们简单的理想与生活要一齐铲开。
啊，我们老实、和平，可也会愤慨；
到了流血的时候，怕死便不知好歹。
有一对拳头，谁能委屈了磕膝盖？
什么过错都能担待，
什么艰难都能苦挨，

只有杀人灭国的祸害，
是条汉子就不能忍耐！
怎样扑杀蝗虫，就怎样消灭这祸害，
我们欠账还钱，也会讨还血债！
当我们遇到冰雹旱涝的天灾，
把死亡就置之度外；
不怕死，死亡就失败，
我们会用冲杀把活路打开！
简单得像那木制的灵牌，
也同样的神圣，这简单的民族独白，
以远古史诗的情态，
简单，可是庄严明快，
用血，用血，已经写了三载，
还继续在写，直写到倭奴的溃败！
看，对着那默默的灵牌，
深山里的同胞默默地祭拜，
在心中却有那伟大的民族独白：
死的为它投入了血海，
活的为它预备好“我来”！
像松涛响入天外，
这伟大的心声排山倒海，
无名的英雄，无名的愤慨，

历史的积郁从心里打开，
天真像儿语那样可爱！
没有理想的理想，像青苔与野菜，
狂风吹倒了山松巨柏，
却吹不动石山的一片青苔；
我们的地土，我们的河流与山脉，
像石阴下的苔，
像溪岸上的菜，
我们的脚，心，灵魂，都生根在那块。
我们种瓜，还是种麦，
或扶着犁，看看斜阳山外，
自己主张，自己安排，
地土和主张哪许别人更改，
况且是教我们去作奴才！
不作奴隶的人们已经起来，
已经起来二载！
哪怕没有吃穿，管什么舒服自在，
活着就打，死也应该！
打，把敌人打明白，
明白我们的有所不能忍的忍耐！
尸是山，血是海，
打，打个畅快！

这二尺长的灵牌，

光荣到千秋万代；

咱们的山河永远不改，

你们为它死，我们为它来，

来祭拜，来致哀，

来告诉，你们的忠魂是山河的主宰！

相信吧，忠魂，对着这灵牌，

我们说，敢死的没有失败！

怒吼吧，卢沟桥

流　火

怒吼吧，卢沟桥！
我们抗日的日子已经来到。

忍辱负重已非一日，
祈望和平亦非一朝，
可是我们得到的是，
卢沟桥头的无理取闹。

如今已有29军的崛起，
用铁血回答着敌人的横暴！
呀呀，杀敌的喊声起了，
健儿们的鲜血已洒在北国的荒郊！

不要迟疑，不要退，
让我们大家持着枪和刀，
前进吧，热血的男儿啊！
把数十年来的仇恨一齐报。

卢沟桥，怒吼吧！
我们抗战的时刻已经来到。

“七七”

穆　旦

你是我们请来的大神，
我们以为你最主持公平，
警棍、水龙和示威请愿，
不过是为了你的来临。

你是我们最渴望的叔父，
我们吵着要听你讲话，
他们反对的，既然你已来到，
借用我们的话来向你欢迎。

谁知道等你长期住下来，
我们却一天比一天消瘦，

你把礼品胡乱地分给，
而尽力使唤的却是我们。

你的产业将由谁承继，
虽然现在还不能确定，
他们显然是你得意的子孙，
而我们的苦衷将无迹可存。

一九四五，七月

卢沟桥

张志民

我曾经这样想：
世界上的纪念碑，
为什么都是直立的建筑？
只有我们的卢沟桥，
打破了这个惯例，
它躺在大地上——
倾听着人们前进的脚步……

我曾经这样想：
世界上的石雕，
为什么都是无声的奴仆？
只有我们卢沟桥的石狮子，

打破了这个惯例，
它曾发出主人的吼声——
敲起我们民旗解放的战鼓……

一九五九年

满江红·卢沟闻警

郭沫若

怒气冲天，推窗望，战云变色。伏牖下，一腔孤愤，奋飞无翼。大好河山拚焦土，几多膏血任饕餮。莫黄昏，犹在睡乡中，嗟何及？庚子耻，犹未雪。卢沟辱，何时灭？恨老天沉醉，平津陷敌；壮士饥餐鹰虎肉，笑谈渴饮倭奴血！待明朝重整旧金瓯，完无缺。

水调歌头·七月八日得宛平之警

卢　前

电讯忽宵至，不觉裂双眸。信中传语，残敌一队袭卢沟，直北此时危急，火焰已燃眉睫，如箭在弦头。何以消吾恨，不共戴天仇！鸠所占，狼所噬，鼠还偷。千奇百怪敌貌，铸鼎总难收。闻道冷斋老子，愿与此桥同命，忠勇足千秋！明日广安道，我亦有戈矛！

一九三七年七月八日

闻卢沟寇警二首

邵祖平

徐福当年失诳秦，遗童男女并吾民。
虏夷食践忘先德，枭獍凶残噬所亲。
又报卢沟挑衅起，可堪猎火上枝新。
旧京今夜觚棱月，忍照关河血战辛。

鹑首何心竟赐秦，鲁连蹈海志能伸。
倚闾犹耻王孙贾，扫地当师田子春。
驱鹘入鸦思杀贼，于流见蟹教憎人。
国仇蓄积何时雪，准拟兜鍪换角巾。

一九三七年七月

卢沟桥始击敌二首

王陆一

卢沟霜月上弦高，右北平秋一怒号。
世界竟难持义战，人民知有复仇豪。
图存早愧儳焉地，逐虏今方快所遭。
海水应飞山应立，东方横出汉唐刀。

起陆雷龙划代秋，沉埋吾族万重仇。
曾从明治窥全策，肯纵倭奴寇九州。
气奇燕云新敌垒，神完山海旧关楼。
即因一炬燔天下，痛碎游疑竖子谋。

一九三七年七月

庐山闻卢沟桥之变

叶楚伧

乱云如墨泼龙须，一怒飞喷万壑珠。
岚气浓于初合阵，松风驰马作前驱。
眼前寒暖无凭据，世上风波有不虞。
苦念临边诸将士，重铠汗渍正援桴。

一九三七年七月

闻　警

马叙伦

卢沟桥畔月沉西，蓦地轰雷旧梦迷。
帘外任教风雨急，主人高枕正如泥。
河湟未复几经秋，鼙鼓渔阳又费筹。
寄语浑家厮养卒，正宜鏖战取封侯。

一九三七年七月

卢沟桥战歌

霍松林

侵华日寇愈骄矜，救亡大计误和亲。东北已陷热河失，倭骑三面围平津。燕台西南三十里，宛平城外起妖氛。卢沟桥上石狮子，饱阅兴亡又惊心。“七七”深宵巨炮吼，永定河畔贪狼奔。攻城夺桥势何猛，欲将城桥一口吞。阴谋控制平汉路，南北从此断车轮。伟哉我守军，爱国不顾身。寸步不让寸土守，直冲弹雨摧枪林。守桥健儿力战死，守城壮士分兵出西门。挥刀横扫犬羊群，左砍右杀血染襟。一以当十十当百，有我无敌志凌云。征程暗，晓月昏。屡仆屡起战方殷。天已亮，炮生喑。城未毁，桥尚存。守军有多少？区区只一营。竟使强虏心胆裂，一夕丢尽大和魂。朝阳仍照汉乾坤，谁谓堂堂华夏真无人！

一九三七年秋　天水

“卢沟桥事变”

刘光裕

日寇侵华犯北京，群情激愤义填膺。
金陵媚外违民意，陕北申张救国声。
外侮感召停内战，陈兵直谏息纷争。
卢沟此日烽烟起，多难兴邦举旆旌。

一九三七年八月

卢沟桥畔起

杜　衡

急鼓逢逢羽檄飞，卢沟桥下翻蛟螭。
雄兵我欲轼蛙怒，勇士谁当呼虎痴？
马蹴玄冰朝献馘，烽连紫塞夜分旗。
关河百战终摧虏，指日扶桑会六师。

一九三七年七月

“七七”事变

唐润民

一封密电出东京，午夜枪声震宛平。
划破晴空缘战火，揭开序幕动刀兵。

执戈将士争迎敌，爱国男儿竞请缨。
多难兴邦成共识，义无反顾作干城。

一九三七年

杀敌救国歌

宋哲元

一

中国要自强，齐心到战场。杀尽日本军，铲除狗豺狼。自从“九一八”，寻衅在沈阳。占了东三省，热河也遭殃。强占我平津，又往上海闯。进扰我南口，察北亦披猖。得寸又进尺，要把中国亡。同胞须奋起，人人都抵抗。

二

国人要认清，日寇太蛮横。经过城乡镇，钱粮抢一空。奸淫人妇女，残杀人弟兄。有敌就无我，两者不相容。中华好男儿，为国应尽忠。同胞雪此耻，个个向前冲。杀一日本兵，心中还不平。要杀便杀尽，方能算成功。

三

同胞要认真，救国莫因循。国破家亦破，国存家始存。无论前后方，责任不可分。或者出人力，帮助杀敌人。或者出物力，接济我国军。国家有决心，人民不怕拚。我们全中国，大家同一心。打退敌人后，幸福自来临。

四

大家倾耳听，国军已进攻。同胞都奋起，个个逞威风。枪击敌飞机，人人都能成。奋勇夺敌炮，紧追不放松。破坏坦克车，要用炸弹崩。有进决无退，努力向前冲。日本必然败，中国一定胜。打回老家去，宁死也光荣。

卢沟桥壮士歌

王羽翔

卢沟流水声呜咽，桥头将士心如铁。瞥眼胡尘卷地来，一声鼓角山为摧。右手挥宝刀，左手掷榴弹。刀光盘旋似雪花，弹丸飞跃如轻燕。刀风弹雨揽不分，天地昏黑雷雾奔。战歌隐隐入暮云，群围鼠窜伤精魂。归营自看刀头血，帐前高挂纤纤月。衣中甲厚酒肠宽，痛饮黄龙待明日！

一九三七年八月

卢沟桥

罗卓英

七月七日桑乾水，忽作惊涛诉不平。
最后关头今已到，战尘扬处马蹄轻。

今日卢沟桥上血，飞奔东海吼狂涛。
卅载深仇终一洗，中华儿女尽英豪。

七月七日蒙自作

陈寅恪

地变天荒意已多，去年今日更如何？
迷离回首桃花面，寂寞销魂麦秀歌。
近死肝肠犹沸热，偷生岁月总蹉跎。
南朝一段兴亡影，江汉流哀永不磨。

一九三八年七月

怀卢沟桥

罗家伦

词客当年涕泪多，晓风残月尽骊歌。
会将祖别平辽帅，夜渡萧萧永定河。

一九三八年七月七日

“七七”二周年口号

易君左

平夷一柱可擎天，百战艰难历二年。
必有雄师横海去，血花飞舞万楼船。

"七七"两周年拟杜七歌

李仙根

荡荡中华我民族，龙兴虎视东大陆。皇皇我祖号轩辕，一战蚩尤四裔服。山川森秀文明育，礼为辐兮义为轴。呜呼一歌兮歌声洪，中华民族垂无穷。

中华中华我祖国，民物众多地广漠。连绵基业几千年，英雄贤圣相继作。立国精神耀八德，自由平等长独立，呜呼二歌兮歌声高，炎黄华胄足自豪。

赫赫天命我总理，堂堂黄帝好孙子。推翻专制创共和，救民救国革命起。三民主义公所使，图强发奋雪国耻。呜呼三歌兮歌永思，自公逝后伤陵迟。

国难之来非一朝，东海岛夷掀狂涛。将军弃地"九一八"，得寸进尺卢沟桥。长蛇封豕荐上国，神圣抗战宁土焦。呜呼四歌兮歌慷慨，前进前进大时代。

多难兴邦古有训，倭奴暴戾天人愤。抗战抗战争自由，从军杀敌齐发奋。男儿裹尸须马革，死为国殇皆本分。呜呼五歌兮歌壮烈，国仇必报耻必雪。

七七抗战今二周，外结好兮内政修。上有英威之领袖，拥有百万之貔貅。出钱出力有民众，不抵胜利安肯休。呜呼六歌兮歌复起。胜利第一良有以。

凡人莫虚生世间，古来英雄皆艰难。国难未平仇未复，一切恩怨胥等闲。君不见同胞惨受敌荼毒，血染大地成斑斓。呜呼七歌兮歌断续，天愁地惨吾欲哭。

一九三九年七月

望海潮·“七七”抗战纪念献词

唐圭璋

挽枪蔽月，阴氛卷地。匆匆苦战经年。血溅黄沙，尘飞沧海，貔貅百万争先。千弹似珠连。任壕崩堡毁，臂折胸穿。守土难移，荒村劫火照颓垣。好军砥柱中坚，看危岩立马，绝壑挥鞭。沉舰江心，堕机林表，尸灰满载东还。劲旅会中原。但前摧后继，誓涤腥膻。收拾山河，大旗飘入云天。

一九三九年七月

和印泉老兄“七七”抗战三年纪念感赋原韵

吴玉章

“三月亡华”敌自骄，哪知人力比天高。
兆民团结坚于铁，破尔鲸吞胜巨鳌。

人民阵线法称强，外侮侵来倏忽亡。
反共亲英遗恨在，巴黎辜负庙堂堂。

人心反帝万方同，既苦饥寒又苦戎。
唯有苏联新世界，民安物阜沐和衷。

全民抗战过三秋，老将雄心报国仇。
直捣黄龙君莫懈，福星高照古神州。

大和武士亦堪旌，北略南侵愤不平。
反战洪流齐汇日，会看革命起东京。

一九四〇年七月

“七七”抗战三年纪念感赋三首

李根源

三年血战挫天骄，杀气如云万丈高。
再接从今还再厉，会须入海斩鲸鳌。

攘夷大义秉春秋，雪耻争存报国仇。
痛饮黄龙一尊酒，从容收拾旧神州。

中原父老望旗旌，说到倭夷愤不平。
努力齐心争后着，定摧顽寇奠新京。

一九四〇年七月

“七七”五周年感怀

陈　毅

即今抗战艰难日，累累新坟启我思。
五年碧血翻沧海，一片丹心照汉旗。
国中忍见儿皇立，朝内惟谋萁豆炊。
九仞为山争一篑，同仇敢与亿民期。

“七七”感怀

李一氓

漫说四郊添政垒，半年游击出张圩。
琴书零落诗人老，慷慨平生付马蹄。

七月战云仍黯黯，六塘堤柳自青青。
新亭风景无须泣，泗上蜂屯子弟兵。

北渡三年多战绩，南征残腊有冤魂。
徐扬淮海空余子，青史难湮新四军。

敌后坚持命一条，江淮千里雨潇潇。
六年瞬息成诗史，当日何人不动摇。

万里乡关戍海陬，巴渝歌舞正悠悠。
艰危六载等闲度，笑煞秦淮一沐猴。

乙酉“七七”听人说水浒新传适有客述事感赋

陈寅恪

谁缔宣和海上盟，燕云得失涕纵横。
花门久已留胡马，柳塞翻教拔汉旗。
妖乱豫么同有罪，战和飞桧两天成。
梦华一录难重读，莫遣遗民说汴京。

一九四五年七月

卢沟桥的枪声

徐光才

风云突变起卢沟，一响枪声震九州。

民族危亡如垒卵，河山破碎若残瓯。

石狮怒吼驱狼虎，将士昂扬击寇仇。

不计倭奴频舞爪，挥刀快斩敌人头。

“卢沟桥事变”后作（四首）

梁家勉

一

如斯逝者撼江波，拊髀惊心岁月过。
直北即今金鼓震，重阳从古雨风多。
千林抛叶天将冷，午夜鸣鸡我欲歌。
不信从辰真劫煞，唾壶一击一摩挲。

二

频年塞外角声多，胡马萧萧欲饮河。
北有檀军方备战，南无桧相肯言和。
乞师耽作秦庭哭，击楫狂吟易水歌。
记取沼吴终属越，卧尝薪胆莫蹉跎。

三

夏雨春风草草过，肯教壮志便消磨。
大功竟出书生手，正气长存烈士歌。
投笔我惭班定远，论勋谁计汉随何。
腐儒未必真无用，问取淮南力孰多。

四

吊古怀今意若何，史书读罢又高歌。
驰驱二浙戚元敬，叱咤三湘汉伏波。
酒饮黄龙真痛快，兵收铜马莫蹉跎。
欺秦勿谓无人在，浩荡长江浩荡河。

“双七事变”

刘歧云

日寇亡华启衅匆，冀戎奋抗世称雄。
卢沟炮火迷宵月，东亚醒狮吼太空。
中共当机传义檄，红军慷慨为先锋。
弃嫌御侮全民起，叱咤风云敌忾同。

卢沟桥歌三首

佚　名

卢沟桥，卢沟桥，男儿坟墓在此桥。最后关头已临到，牺牲到底不屈挠。飞机坦克来勿怕，大刀挥起敌人逃。卢沟桥，卢沟桥，国家存亡在此桥。

卢沟桥，卢沟桥，男儿坟墓在此桥。委屈忍痛和平保，无可避免上刺刀。自卫应战理气壮，铤险而走是今朝。卢沟桥，卢沟桥，为国争光在此桥。

卢沟桥，卢沟桥，男儿坟墓在此桥。豺狼入室露牙爪，南北冲突真逍遥。快快拚起民族命，最后胜利是吾曹。卢沟桥，卢沟桥，立功报国在此桥。

出版说明

在本书付梓之际，我们由衷感谢以叶君为主编的选编者们。为了保证本书的质量和品位，他们在时间紧张、资料有限、查找搜集难度较大的情况下，付出了艰辛的劳动。在此，向他们，同时也向众作者致以真诚的敬意。

本书涉及的作者众多，因诸多原因，我们无法全部联系上。请这些著者、译者或其家属，见到本书后，与我们取得联系，以便处理有关事宜。

在编辑过程中，我们除改正了某些文章原版本中的个别字误外，均保持了作品的原貌。

由于时间仓促，水平有限，疏误之处在所难免，敬请广大读者不吝教正。